朝日新書
Asahi Shinsho 817

旅行業界グラグラ日誌

梅村　達

朝日新聞出版

はじめに

自分で言うのも何だが、私には努力の二文字が欠けている。子供時分からのほほんとその日を暮らして、いたずらに年を重ねてきてしまった。

そうして還暦を、迎えるにいたった。人生の節目を通過するにあたって、特に感慨深いものもなかった。ただ年をとったせいか、寄り道だらけの人生の「あれやこれや」が、胸中に去来するようになってきた。

そこでふと思い立って、添乗員生活の「あれやこれや」をしたためてみることにした。そして添乗業務の合間のヒマな時に、シコシコと原稿用紙のマス目に文字を埋めていった。

心に深く沈潜している記憶を糸口にして、文章を紡いでゆくのは、なかなかに骨の折れる作業であった。と同時に思い出のアルバムをめくってゆくのは、過ぎ去りし時と旧交をあたためる、懐かしいひとときでもあった。

また思うように筆が進まず、暗礁に乗り上げることもたびたびであった。そのような際にウンウンうめきながら、立ちはだかる壁をクリアしてゆくと、得も言われぬ充足感を得ることができた。

という具合に苦しいながらも、ちょっとした喜悦に恵まれた営みであった。そのせいか「ザ・ナマケモノ」にしては珍しく、根気のいる仕事を続けてゆくことができた。

原稿はじょじょにではあるものの、積み重なっていった。そのたまった原稿を書籍化するにあたっては紆余曲折があり、三分の一ほどがボツになってしまった。そうして世に出たのが『派遣添乗員ヘトヘト日記』である。

お蔵入りした原稿は、「ヘトヘト」度が足りないというのが、編集サイドの意見であった。

私としては、思い入れのある原稿ばかりである。デキの悪い子ほどかわいいもので、簡単にあきらめられるものでもなかった。そこで日陰者に陽をあてるべく、再び筆を執ることにした。

時あたかもコロナ禍で、だれもが見えない敵と闘っていた。外出自粛で皆が皆、行動が制限されていた。そんな中、私は積極的に巣ごもり生活に入っていった。

「ヘトヘト」だけではない業界の「あれやこれや」を陽のあたる場所に連れてゆき、作品は完成した。そうして添乗員モノの第二弾として、本作が上梓されるにいたった次第である。

今回の作品は前作以上に、私のカラーが前面に出ている。ぜひ最後まで、ご笑覧あれ。

旅行業界グラグラ日誌　目次

第6章　人生という名の旅路　171

第7章　新型コロナでどうなった　211

第1章

派遣添乗員はつらいよ

いきなり地獄の戦場

添乗員として、いろいろな地方を旅してきた。中にはそれっきりで、二度と訪れることもない土地もある。逆に何度も何度も、足を運ぶことになる場所もある。

「立山・黒部アルペンルート」は、長野県と富山県にまたがる3000メートル級の山々、北アルプスを通りぬける観光ルートだ。各旅行会社の定番ドル箱コースで、私もゆうに10回は訪れている。

団体ツアーでの通りぬけの場合、たいていはバスやケーブルカーなど、6つの乗り物を乗りつぐ。

団体で乗り物に乗るのは、迷子やケガなどのリスクをともなうので神経を使う。ことに乗り物が混雑していればいるほど、リスクも大きくなり、やっかいな仕事となってしまう。

そういうこともあって馴染みのコースではあるものの、参加者の人数や年齢層、それに季節や天候、混雑状況などが複雑にからみあって、行くたびに印象も異なる。

私が初めてその仕事についたのは、添乗業務の経験の浅い、ある年のゴールデンウィークのことであった。富山側からルートに入り、最初に乗るのは立山駅発のケーブルカーであった。

乗り場はすでに、人でごった返していた。駅の係員からは事務的口調で、「乗るのに1時間待ちです」と告げられた。

ただしそれはほんのプロローグ。行く先々で、長い乗り換え時間と超満員の乗り物が、私たち一行を待ちかまえていた。

ことにルートの中間地点の大観峰駅は、すさまじい混み具合であった。もともとがせま苦しい作りの駅なのである。

そこへ富山側、そして長野側の両方向からの大群衆が、押し寄せてきたからたまらない。人いきれでムンムン状態で、2時間近くも足止めを食ってしまった。

そのようなイライラ感がつのる中で、待つことしばし、待ちに待った我々のツアー名が、ようやくアナウンスされる。

ツアーはトロリーバスで駅へ到着した順に、乗り継ぎのロープウェーに乗ることになっている。その順番待ちの呼び出しが、やっとあったのだ。それまで参加者たちは、バラバラの自由行動であった。

アナウンスを聞いた我々のツアーの参加者が、改札口に続々と集まってくる。点呼をとると、全員がそろっていた。胸をなでおろした。

というのも待っている間に、ほかのツアーの様子を観察していたのだ。中には再集合の点呼で、呼び出しのアナウンスを聞きのがして、全員がそろわないツアーもあった。長い待ち時間の疲れもあって、眠りこけてしまう人もいるのだ。

女性添乗員が泣きそうな顔で、そのことを駅員に訴えた。しかし状況が状況だけに、駅員も殺気だっていた。ツアーをどんどんさばいていかなければ、混雑の収拾がつかなくなってしまう。

有無を言わさず、泣きべそ添乗員に出発をうながした。迷子は後から、追いかけさせるようであった。こちらはそういう最悪の事態だけは、回避することができた。

中間地点を過ぎて、過密のピークは越したようだ。それでも満員電車なみの状況は、相かわらずである。

派遣会社によっては、アルペンルートはむずかしい仕事ゆえ、未経験の添乗員は見習いとして、先輩の業務を見学させるところもあるという。

私はそういう配慮もなしに、いきなり地獄のような戦場に送りこまれた。しかも地獄はアルペンルートだけに、とどまらなかったのである。

ようやくの思いで長野側に通りぬけ、我々のツアーバスに乗りこむ。バスは出発地点の東京へ向かう。ひと仕事を終えて、しばらくはのんびりしようと考えていた。ところがまたもや絶望的な光景が、目に飛びこんでくる。松本インターから入った中央高速道路が、すでにその地点で大渋滞。遥かなる道のりを、ノロノロ走行を余儀なくされてしまう。

参加者はほとんど、疲れでぐっすりと眠りこけていた。私も少しは休息することができた。だが気がかりなことが、頭をもたげてきた。

このような牛の歩みにも似た走りを続けていて、はたして最終電車に間に合うのだろうかということである。

地方ではツアーの出発地まで、参加者は車で来るのが一般的だ。だが都心発のツアーでは、マイカーはあり得ない。ほとんどの人が、電車などの公共交通機関を利用している。渋滞で最終電車に乗ることができなかった場合、旅行会社に責任はない。参加者は自腹でタクシーなどを使って、帰宅することになる。

私はそういう修羅場の経験はなかった。経験した添乗員によれば、中には納得せずに、家までバスで送れとゴネる人もいるそうだ。

もちろんバスのドライバーにも、そのような義務はない。それでひと悶着になってしまうこともあるという。

ゆっくりペースながらも、バスはようやく東京都の八王子を通過する。22時を回ったところだった。バスは新宿、そして上野と回る予定である。

ドライバーに最終電車のことを尋ねると、ビミョーとのこと。私はヤキモキしながら、バスに揺られていた。胃がシクシクとしだした。

結局、新宿に着いたのは、日付がかわった直後であった。およそ半分の乗客がここで下車。真夜中だというのに周辺は、バスと人とで大にぎわいであった。

バスは深夜特急と化し、すぐさま上野へ向かう。そうしておよそ30分後に上野に到着。ぎりぎりセーフで、モメごとにならずにすんだ。

すべての参加者を見送り、バス内の忘れ物のチェックなどを素早くすませて、私も駅へ駆けこんだ。最終電車にかろうじて、間に合うことができた。

私自身があやういところで、家に帰れずじまいになるところであった。そうなったら一大事だ。ゴールデンウィークの最中《さなか》で、明日も仕事があるからだ。

その場合は始発で家に帰り、書類などの一式を手にして、すぐさま出発地へ向かう。ただしそれでツアーの出発に、遅れずにすむならばの話である。間に合わなかったら、万事休すだ。

この地獄の戦場ツアーを教訓に、以降は連続しての仕事の場合、次のツアーの書類をたずさえることにした。そのせいでカバンは、パンパンにふくれあがることになってしまった。

男臭さにむせんだ夜

東京ならびにその近郊、すなわち首都圏は公共交通機関が、網の目のように張りめぐらされている。一方で道路は渋滞が常態化し、車での移動は時間を読むことができない。したがって首都圏で添乗員として働いている者は、自宅からツアーの出発地まで、公共交通機関を利用するのが一般的である。かりに自動車を使って、仕事に支障でもきたそうものなら、責任を問われるにちがいない。

ところが地方では、話はガラリと変わってしまう。公共交通機関が発達していないので、車がゲタ代わりになっている。添乗業務もまたしかりである。

現在、私は群馬県前橋市で暮らしている。出発地がJRの前橋駅や高崎駅ならば、電車で行くことも可能だ。しかしそのような場所は、むしろ例外なのである。大半はマイカーを利用しなければ、行くことのできない場所である。

そしてまた出発地は、群馬県内のほとんど全域をカバーしている。夏の暑さで知られる館林《たてばやし》へは自宅から1時間半、温泉地として名高い水上《みなかみ》へは2時間かかる。

そういう遠隔の地へ向かうには、必然的に家を払暁《ふつぎょう》に出なければならない。この仕事についてから、朝はめっぽう強くなった。夜明けの旅路は、いっこうに苦にならない。眠気ざましにハードロックをガンガン鳴らしながら、夜から朝に移り変わる間《あわい》に自動車を駆るというのも、なかなかにオツなものである。

ところが朝が強くなったぶん、夜が弱くなってしまった。ハードな仕事が終わってヘロヘロの夜半、2時間もハンドルを握るのは苦痛だ。それに集中力もなくなっているので、交通事故も心配である。

そこで私は遠い場所が出発地の時は、家へは帰らないことにしている（次の日も仕事ならば、帰らざるを得ないが）。車で寝てしまうのだ。いわゆる車中泊である。そしてひと眠りして、体力が回復したところで、朝陽を浴びながらのんびり帰ることにしている。

だから遠出の際には、車に布団一式を積みこんでおく。ワゴンタイプなので、手足を伸ばして寝ることができる。

今はコンビニ、日帰り入浴施設がいたる所にあり、車中泊もしごく便利になった。それこそ水上ならば共同浴場で朝風呂へ入って、リフレッシュして家路につくこともできる。

他県が出発地の場合、仕事のスケジュールがつまっていなければ、やはり車で出かけることもある。添乗業務を終えた後で、車中泊をしながら私的な旅をすることにしているからだ。

十年ほど前に、山梨県の甲府発のツアーの仕事があった。その後のスケジュールに余裕があったので、甲州を旅して回るつもりであった。

ツアーの前日、甲府のビジネスホテルへ宿泊。朝、バス会社の車庫へ移動し、京都へ行くツアーバスに乗った。

初夏の二泊三日のツアーで、薫風に誘われるかのように、古都は観光客でにぎわっていた。天候にも恵まれ、新緑もまぶしい神社仏閣をめぐる旅となった。

ツアーが終了し、夜に甲府のバス会社の車庫にもどる。ドライバーに車庫の片隅で車中泊することを伝え、了承を得ようとした。

するとドライバーは、「仮眠所があるから、そこを使っていいよ。その方が疲れが取れるって」と、すすめてくれた。私は車中泊には慣れているからと、やんわりと断った。

けれどもドライバーは、私が遠慮していると思ったのであろう。なおも執拗に誘い続ける。三日間にわたって仕事をともにして、人柄は分かっていた。ここはピュアな善意に、素直に甘えることにした。

ところが仮眠所なる所へと足を運んでみれば、プレハブの建物内は体臭やらタバコのヤニ臭さ、饐《す》えた臭気、その他もろもろがミックスして、激烈な臭いがムンムンと充満しているではないか。

私はそういうことに、無頓着なほうである。その私でさえ、この臭気には全面降伏だった。息苦しくて、とてもではないが耐えられたものではなかった。

おまけに万年床は、しばらく干していないとみえ、ジットリとしていて気持ち悪いことこの上ない。さらに布団の脇には、エッチな雑誌が散乱していた。

これだったら自分の車で寝た方が、よっぽどマシというものだ。だが情に厚い人の思いやりを無にするのも、やはり心苦しい。

外の様子をうかがうと、ドライバーはバスを洗っていた。彼が帰ったら、自分の車にもどることにする。

それまではエロ雑誌でもめくりながら酒を呑んで、時間をやり過ごすことにした。相当に読みこまれたとみえ、どの雑誌も手アカにまみれ、クタクタであった。

酒の合間に、再び外に目をやる。するとドライバーは、まだねっちりと洗車していた。しばらくは終わる気配もなかった。

そうこうするうちに酔いが回ってきて、いい心持ちとなってしまった。むせ返るような臭いも、ベトベトした布団も、もうどうでもよくなってしまった。

酔郷にさまよえば、悪臭も芳香もヘッタクレもない。馥郁（ふくいく）とした男の匂いにくるまれて白河夜船の高いびき。

翌朝、バスのエンジン音で目が覚めた。外へ出てみる。空気のおいしいこと、おいしいこと。若葉の香りが、これ以上はないというほどに爽やかであった。

あやうくニュースの話題《ネタ》に

ある年の秋口、会社から大学入試の試験監督という、毛色のかわった派遣業務の依頼がきている、仕事をしてみる気はあるかという打診をうけた。

私は基本的にお座敷がかかれば、可能なかぎり引き受けることにしている。興味深いこともあって、二つ返事で引き受けることにした。

少子化の影響をうけて、大学も淘汰される時代である。少なくなった受験生を確保するため、私立大学の中には自ら地方へ出向いて、入学試験をおこなう学校もある。私が引き受けた仕事は、そうした地方会場での試験監督であった。

東京の大学本部から地方会場までは、ある通運会社が厳戒態勢で、テスト用紙を運ぶことになっている。

その関係で通運会社の子会社の旅行会社が、入学試験の運営業務も、サポートすることになった。

人材の確保は、川上から川下に流れてゆく。そうして旅行会社から派遣会社に、入試スタッフとして添乗員を回してくれという依頼が出される。かくして駆り出されることになったのが、門外漢たる私であった。

入学試験は、東北の中枢都市である仙台でおこなわれた。大学側からは、教授と事務方のスタッフが来ていた。

そこに私のような普段は添乗員をしている者が加わって、混成チームが試験の前日に、にわかに結成された。

外人部隊たる私は試験監督をはじめ、あらゆる雑務をこなした。といっても監督業務以外は、あまりすることもなかった。

せいぜい試験当日の朝に、会場周辺で受験生のために、標識を手にして道案内をすること。そしてチームのスタッフ用の弁当の買い出しくらいであった。あくまでも試験を監督することが、主たる業務であった。

ところが監督業務というのは、テスト用紙を配ってしまうと、あとは教室で受験生を監視するだけである。

監視といっても、ずうっと凝視しているわけではない。問題を解いているところを、漫然と眺めているというのが本当のところである。

楽といえば、ひじょうに楽な仕事である。ただイスにすわって、何もしないのだから。だが一日中何もしないでじっとしているというのは、実際にやってみると辛いものである。もちろんその間、本を読んだりするなど、監督業務以外のことをすることは禁じられている。

たまに試験中に、トイレに用を足しに行く受験生がいる。その場合には不正行為防止のため、いっしょについて行く。しかしそれも一日に一回、あるかないかである。

要するに教室に詰めっきり、すわりっぱなしで、受験生の様子をそれとなく見ているというのが業務である。

もっと言ってしまえば、受験生に監視員の存在をアピールするために、退屈と闘いながらも、いること自体が仕事なのである。

入学試験は当然ながら、冬から初春にかけて実施される。寒い時期なので試験がおこなわれる教室は、暖房をつけている。

その中で何もしないで、ただジトッとすわっているということは、おのずと睡魔という大敵と闘うことになる。

ことに昼食を終えた、午後一番の時間帯が最大の強敵である。ましてや穏やかな陽光が射しこむポカポカ教室ともなると、条件はそろいすぎている。

昼食をとったばかりの、気だるい昼下がりのひととき。サンルームのような部屋で何もせず、ただイスにすわって手持ち無沙汰《ぶさた》に耐える。もちろん眠ることは御法度《ごはっと》。これはある種の責め苦である。

実は一度だけ、御法度を破ってしまったことがある。ピーンと張りつめた真剣勝負の場でのまどろみは、まことに危険な甘美に満ちていた。

ただし私はトロトロと舟をこいだだけで、イビキをかくなどの雑音を出したりはしなかった。そのことが、せめてもの救いとなった。

掟《おきて》やぶりのうたた寝をしてしまった一週間後、テレビのニュースを見ていた私は、思わずギョッとなった。

関西の某国立大学で入学試験の最中に、監督業務をしていた試験官が、居眠りをしてしまった。おまけにこともあろうに、派手なイビキをかいてしまったというのだ。

それに対して受験生や保護者から、モーレツな苦情が寄せられていると、アナウンサーは伝えていた。

六十余年の私の人生を振り返ってみても、一歩まちがえればとんでもないことになっていたということは、何度も経験している。

人生は綱渡り。どこにどんな地雷がひそんでいるかは、神のみぞ知るだ。あやうく私も、ニュースの話題を提供するところであった。

恐怖のコラボ写真

写真をとるハードルは、年を追うごとに低くなってきている。すでにフィルムのカメラの時代にも、シャッターを押すだけで、簡単に写真をものすることができる機器が登場していた。

デジタルカメラの出現は、ますますハードルを低くした。液晶画面ですぐに出来ばえをチェックできるので、写真がぐっとお手軽なものとなった。

さらにスマートフォンのカメラ機能は、ハードルそのものをなくしてしまった感さえする。出来ばえを別とすれば、写真をとることは誰にでも可能な時代となったのだ。

ただし今のカメラは、写真にそれほどのこだわりのない人にとっては、不必要なほどにたくさんの機能がそなわっている。せっかくの優れモノも、宝の持ちぐされというのが実情である。

高性能ゆえに高齢の方でよくあるトラブルが、自分のカメラの使い方が、分からなくなってしまうこと。

ツアー中にそういうトラブルになると、当てにされるのはもちろん添乗員。ところが私は自慢ではないが、そちら方面はからきしダメときている。

若い人やメカに強い人がいてくれれば、助け船を出してくれることがある。だがそういう人材がいない場合は、持ち主、添乗員ともにただただ苦笑い。

世の中が進みすぎてカメラひとつをとっても、高齢者にとっては便利なのか、不便なのか、分からない時代である。

そういうこともあってか、観光地で記念写真をとる業者は、誰でもカメラマンのこの御時世でも、どっこい健在である。昔ながらの全員集合の写真は、年配者を中心にいまだに底がたい人気を誇っている。

そのような団体写真とは別に、参加者にたのまれて個別に写真をとることも、添乗員の仕事のひとつである。

鳥取砂丘を訪れたツアーでは、若い女性の二人組にたのまれ、カメラを渡された。壮大な砂丘を背景に、うら若き二人が仲よく並んだ。

いざシャッターを切ろうとした瞬間、大和撫子《なでしこ》たちはそろって脚を大きく上げた。意表をつく大胆ポーズに、私は固まってしまった。彼女たちはカメラを受け取ると、元気よく砂丘の中を散策し始めた。

彼女たちの奔放な行動は、混浴の温泉場でのことを連想させた。男性の私がいようと関係なく、アッケラカンとして裸身をさらす、若い女性グループもいるのだ。

ピチピチのヌードを見られるとは、ラッキーだと思われるだろう。ところが堂々と裸を見せられると、かえって目のやり場に困ってしまう。目を背けながら、小さくなって入浴するものだから、一向にくつろぐことができない。

ちなみに少し年を重ねた中年の領域の女性が、なぜかいちばん恥ずかしがる。さらに年季が入ると、もうどうでもいいみたいだ。以上の分類は一般的なパターンで、もちろん大ベテランでも慎み深い方もいる。

改めて青春とは、いいものだと思う。天に向かって伸ばす脚のアクション、ものおじしないスッポンポン姿。若い季節だからこその屈託のない所作だ。

青春の鳥取砂丘から、脈絡もなくトルコの中年男へと話は飛ぶ。あるトルコツアーの折、ひとり参加の男性がいた。とても内気な方だった。

海外ツアーは一週間以上にもわたることが多い。それで私は最低でも必ず毎日一回は、グループごとに声かけなどをして、コミュニケーションを取るようにしている。

そのシャイな男性にはとくに気を使って、頻繁に話しかけたり、こちらから声をかけて写真をとったりした。男性はいつも照れたような表情をうかべて、写真におさまっていた。

トルコの地での最終日、男性がけっこうな金額のトルコリラを私によこした。私は円に再両替できる旨を伝えた。

すると「おかげさまで、気持ちよく旅行をさせてもらいました。せめてものお礼です、受け取ってください」と、かたくなに渡そうとする。

私の経験では金品を受け取ってしまうと、後でロクなことはない。四国を訪れたツアーで、参加者から「ツアー中、何かとよろしくお願いします」と言われて、封筒を渡された。中にはお金が入っていた。

その婦人はやがてバスの座席のことで、考慮してくれるようにと言ってきた。他の参加者の手前、その人だけ毎日、特定の席にすることもできない。

しかしこちらには、お金を受け取ってしまった弱みがある。それでクレームにならない程度に、「考慮」することとした。

今回はツアーも終わりのことだし、無茶な要求もないであろう。それで結局、シャイ男性の志《こころざし》を無にすることなく、次のトルコツアーで活用させてもらうことにした。

いちばん印象に残っているのは、京都のさる高名な寺の夜間拝観の折に、女性トリオをとった写真である。

中年後期といった年格好の三人は、年の割にはそろって濃いめの化粧をほどこし、派手な洋服を身につけていた。

境内の一角に、ライトアップされた竹林があった。三人組からそれをバックに撮影をという、リクエストを受ける。

艶然とほほえむ熟女たち。背後には光に浮かび上がった竹藪が、風にそよいでいる。そこにフラッシュがかぶさった。

ある種の予感はチラついていた。はたしてその通り、いやそれ以上に、ホラー映画さながらの画像が、液晶画面に浮かび上がっていた。絶妙なコラボレーションによって、恐怖の化学変化が引き起こされたのだ。

カメラを渡すと、トリオはただちに出来ばえをチェック。そして「まァー、よくとれていること」と、満足そうな歓声をあげた。

そして私にも画像を見せながら、同意を求めてきた。私は作り笑いを浮かべて、「そうですネ」と答えるほかなかった。

もし心に浮かんだことを、そのまま口にしようものなら、どえらい騒動になることは必至だ。旅行会社の社長室にまで届く、大クレームになるかもしれぬ。

そうなればおそらく私は、その旅行会社へは〝お出入り禁止〟となってしまうであろう。

うたかたの〝ご褒美《ほうび》タイム〟

団体ツアー中に、1時間ほどフリータイムを取ることがある。自由昼食も組み合わさると、2時間ということもある。そういう際に添乗員は参加者へ、何かあった時のために、連絡先を知らせておく。

ただしアクシデントは、そうそう起きるものでもない。だから実質的には添乗員の息ぬきの時間、〝ご褒美タイム〟となる。そういう時に私は、そぞろ歩きをすることにしている。

もともと私は、歩くことが大好きだ。好きというより、性《さが》ともいうべきものである。ジッとしていると、身体がムズムズしてしまうのだ。

散歩も旅先となると、また格別である。永六輔作詞の『遠くへ行きたい』ではないが、「知らない町」を歩くのは、感性が大いに刺激を受ける。

ことに温泉好きとあって、湯煙情緒ただよう湯の町をぶらつくのは、こたえられない。昔ながらの温泉地ならば、たいていは共同浴場がある。散策に加えて温泉浴となれば、もう言うことなしだ。

長野県の野沢温泉や群馬県の草津温泉には、温泉街に無料の共同浴場が点在している。私のような者にとって、天国のごとき湯の町である。

街歩きでワクワク感があるのは、大阪界隈である。猥雑な町並み。アクの強い方言。人なつっこい人情。その他もろもろが渾然一体となって、個性の強い土地柄を形成している。

私はずうっと関東で暮らしてきた。そういう人間にとって、大阪は魅惑的な「知らない町」である。犬も歩けば棒ならぬ、異質な人情と当たって、新鮮なオドロキに遭遇したことも再々である。

夏に汗をかいて、入浴施設に立ち寄ったことがあった。広間で休んでいると、テレビから阪神タイガースの試合中継が流れていた。

そのうちにタイガースの選手が、エラーをしでかしてしまった。するとテレビ桟敷からは、いっせいに「ボケー」の怒声があがった。

外国人ツーリストが来阪すると、イメージしていた日本人像とかけ離れていて、ビックリするそうだ。私も浪花《なにわ》流の愛するチームへの応援方法に、エトランゼの気分になってしまった。

逍遥《しょうよう》ついでに、必ず立ち寄るのが郵便局。というのも局名やイラストなどを刻印した、独自の局印が目当てなのだ。

寄るたびに100円を貯金。記念に通帳に、局印を押してもらう。仕事柄、記念の通帳はもう何冊もたまっている。旅の日記帳とでもいうべき宝物だ。

その局印であるが、わが国の冬の気圧配置と同じく、西高東低である。一般的に西日本は彩りも豊かで、意匠をこらしたゴム印が多い。

対して東は黒字のインクに、ただ局名を印字した、愛想のないのが主流だ。中でも私の経験上、茨城県がもっとも遊び心が少ない。

民間調査会社「ブランド総合研究所」は、消費者3万人を対象に都道府県魅力度ランキングを、毎年インターネットで調査している。平成21（2009）年にランキングを発表して以降、同県は全国最下位がほぼ定位置となっている。

工夫をほどこした局印が少ないことと、観光地としてのランクが低いことが重なるのは、単なる偶然であろうか。

ところで添乗員と、局印を押す局員には、意外な共通点がある。内容が充実していて、素晴らしいツアーがあったとしよう。ところが案内をする添乗員がデタラメだと、すぐれもののツアーも台無しとなってしまう。

局印もまったく同じなのだ。どんなにサービス満点の局印でも、いざ押す人が緊張感のカケラもないようだと、ひどいことになってしまう。

インクが薄い（よくある）。ななめに押してしまう。ワクをはみ出して押印。尻切れトンボに押される。極めつきは逆さまに押印。すべて実際の体験である。これでは凝りに凝った局印も、泣こうというもの。

また局員も総じて、冬の気圧配置とイコールである。西地区では通帳を返す際に、にっこり微笑んで、一声かけてくれたりする人もいる。

対して東側は、かつての親方日の丸を引きずっている。黙々と作業をこなしているという感じの仕事ぶりが、圧倒的である。

旅の印象というのは、人の存在もかなりのウエートを占めている。出会った人の表情や何げない仕草、言葉づかいなどが、良くも悪くも旅のイメージを変えてしまう。

そぞろ歩きでもうひとつ、よく訪れる場所がある。神社仏閣だ。特に信心深いというわけでもない。

ただ神社や寺院をおおっている、静謐《せいひつ》で凜《りん》とした空気に惹かれるのだ。塵埃《じんあい》にまみれた心が、何とはなしに浄化されるような気がする。

ただし名代《なだい》の神社仏閣は、避けるようにしている。フリータイム中のツアーの参加者と鉢合わせということが、十分にあり得るからである。

それでも天の配剤は、ある時にはあるもの。とあるひっそりとした神社を、参拝していた折のこと。神さびた社殿の前で、心静かな気分にひたっていた。

すると「添乗員さん、いやに熱心に拝んでいたじゃないの」と、声をかけられた。声のする方を振り返ってみれば、年配の参加者夫婦が立っていた。

そして話の流れで、いっしょに昼食をとることになった。〝ご褒美タイム〟は、うたかたとなりしである。

20年近い添乗業務の間には、いろいろな意味において個性的な人と出会ってきた。そういう人の発する言葉には、ユニークな味わいのあるものだ。このコラムでは添乗業務をいろどってくれた、名（迷）言の数々を紹介していきたい。

「私は気象予報士ではありません」

知り合いの添乗員が、旅行会社からツアーの参加者に電話していた時に言った、名セリフである。

ツアーの前に添乗員は、参加者にあいさつをかねて、確認の電話を入れる（日帰りツアーでは、今はしない方が主流）。

参加者の中には、添乗員は何でも知っていると、思いこんでいる人がいる。そういう人はその際に、ありとあらゆる質問を浴びせてくる。

おそらく冒頭の言葉は、旅先の天気に関してあれこれと細かいことまで尋ねられて、返したのであろう。近くでやり取りを聞いていた私は、よくぞ言ってくれたと、痛快な心持ちになった。

彼女は相手が誰であろうと、ズケズケもの申すタイプだ。それで問題になったことはないのだから、うらやましいキャラクターである。

添乗員が仕入れる天気の情報は、テレビやせいぜいインターネットの天気予報である。だから参加者とほとんど同じである。

気象によほど関心のある人や、気象の専門家ならいざしらず、たいていの人はそのレベルの知識止まりであろう。

だから旅先の天気を問われても、添乗員と参加者の持ちゴマは同じだ。けれどもそっけないことを言うこともできない。

バカバカしいことだけれども、相手の知っているであろうことを、改めて伝えることになってしまう。

「添乗員は、何でも知っているわけではありません」。夢の中でもいいから、言ってみたい。さぞやスッキリするであろう。

第2章

魑《ち》魅《み》魍《もう》魎《りょう》のトラベル業界

ケモノ道めいた業界

一年のうちで気候がもっとも穏やかな春と秋は、行楽のシーズンとも言われる。旅行会社が販売するツアー商品もその例にもれず、花見と紅葉の時季が書き入れ時である。その逆に二八《にっぱち》と言われるように、夏と冬は旅行会社にとって恨《うら》めしい季節である。特に寒さの厳しい期間は、文字通りの冬枯れ状態となってしまう。

要するにツアーというのは年間を通してみると、売れ時がひじょうにバラツキのある商品なのである。

それにともない添乗員も季節によって、忙しさがケタちがいとなる。眠ることすらままならない時期がある一方、床ずれができるほどにたっぷり寝ていられる日々を過ごすこともある。

そうなると旅行会社としては、添乗員を常勤として雇うのを、躊躇《ちゅうちょ》せざるを得ない。なにせツアーあっての、必要な人員なのである。所詮はツアーが出る時にだけ人を集めれば、こと足りる話なのだ。

ただし添乗業務というのは、まことに特殊な仕事である。まったくの門外漢を呼んできて、いきなり業務につかせるわけにはいかない（どうにも人のやりくりがつかず、素人を使うこともあるらしい）。

そこで旅行会社に即戦力を提供する、添乗員専門の派遣会社の登場となる。かくして一般社会の常識と遊離した、添乗員というキミョーな職種が存続してゆくのである。

人気のバスツアーともなると、たくさんの参加者が押し寄せる。1台のバスに収まりきらないほど集まった場合には、複数のバスが出ることになる。

したがって時には同じ日の同じコースに、3台のバスが出ることもある。その3台を業界では、台数口《だいすうぐち》という。そしてそれぞれのバスを1号車、2号車、3号車と呼ぶ。号車ごとのバスには、添乗員が必ず乗ることになっている。3人が同じ派遣会社に所属していることもあれば、3人とも違うこともある。

会社がバラバラの場合、昼食時に情報交換というおしゃべりの花が咲くことがある。交換される情報はいろいろであるが、当然ながら派遣会社が俎上《そじょう》にのせられることが多い。

中でももっとも槍玉《やりだま》にあげられるのが、アサイナーである。アサイナーというのは、旅行会社から派遣要請のあった仕事を、派遣会社で実際に添乗員に割りふる人のことである。

だから添乗員からすれば日銭《ひぜに》の仕事に直結する、ひじょうに気になる存在である。本来そういうポストにつく人は、公正中立であってほしい。そうであれば添乗員側の不満も、かなり減るはずである。

ところが仕事に私情がはさまるのは、人の世の常。昼下がりの業界スズメの井戸端会議には、人間性を疑いたくなってしまうようなアサイナーが、これでもかというほどに登場してくる。

たとえばA社の中年男性は、下心も丸出しに若い女性に優先的に仕事を回す。若さのカケラも残っていない添乗員たちの間では、大ブーイングとのこと。

はたまたB社のベテラン女性は、人の選り好みが激しい。そのため耳に心地よいことを言う人を中心にして、ローテーションを組む。ヨイショが苦手な人が、ぼやくことしきり。

デスクワーク中心のアサイナーの中には、旅の現場が大好きという人もいる。C社の若手男性は自分が行きたいと思っている旅先のツアーを、自分に真っ先に割りふってしまう。これまた評判は、すこぶる芳しくない。

添乗員はアサイナーから、仕事を回してもらう。だからアサイナーに対して、表立って文句を言うことはできない。そうしてたまりにたまった怒りのマグマが、情報交換の場で爆発するというわけだ。

人づきあいが不得手な私の耳にも、その手のウワサの類いがちょくちょく入ってくる。だが業界スズメの話だけを一方的に信用してよいのかは、考えものである。

というのも仕事を回すアサイナーに、受ける側の添乗員。人と人がからみあえば、私利私欲が交錯して人間くさいドラマが展開するのは、ある意味において当然といえば当然だからである。

女性添乗員の中にも若さと美貌を武器に、アサイナーを骨抜きにする手合いもいる。また旅行会社の社員にも、女性フェロモンを盛大に振りまいている発展家もいたりする。

〝女〟の魅力にイチコロとなってしまった社員は、自らが担当するツアーに、フェロモン添乗員をご指名。かくてアサイナーの頭ごしに、色と欲がうごめく虹のアーチが架かるというわけだ。

一言では片づけることのできない複雑な要因が入りまじって、添乗員の業界は動いている。水商売や芸能界にも一脈相通じるケモノ道めいた、蛇《じゃ》の道は蛇《へび》の世界である。

〝ミステリーツアー〟のミステリー

映画マニアならば、必ずやその名を知っているであろう。また六十代以上ならば、ほとんどの方がその名を聞いたことがあるはず。イギリス出身で、ハリウッドで数々の話題作を撮った、映画監督アルフレッド・ヒッチコックその人のことである。

昭和30年代後半から40年代にかけて、女優の吉永小百合のファンをサユリストと言った。最近では作家の村上春樹の熱烈な読者を、ハルキストと呼ぶらしい。ヒッチコックの熱狂的なファンは、ヒッチコキアンである。映画監督の名で映画館へ客を集めることのできた、異例中の異例の人であった。

そのヒッチコック作品だったと思う。レストランの調理場で、きたならしく料理が作られてゆく。しかるに最終的に客に出される段になると、料理が見違えるほどきれいに仕上がっているというシーンがあった。

サスペンスの巨匠がレストランの内幕を描くと、かくもひねりのきいた場面が展開する。それと同じようなことが、実は旅行業界にもあるのだ。

旅行会社が販売する団体ツアーは、普通は企画を練る部署の担当者が作る。すなわちツアーの行き先から始まり、観光スポット、昼食処、土産物店などの立ち寄り先を組み合わせて、ツアー商品を作成する。泊まりのツアーならば、それに宿泊施設が加わる。

「普通は」と述べたが、「普通」でない場合も間々ある。立ち寄り先の業者の方でツアー企画を立案し、旅行会社に売りこむのだ。旅行会社が話に乗れば、自社のツアーとして売り出し、参加者をつのるという次第である。

ツアーの概要は以下の通り。Aという地元で、ボス的存在の土産物業者がいたとしよう。Aは仲間のB、C、そしてDという食事処に声をかける。それにEなる観光スポットを組み合わせれば、ツアー商品の一丁あがりというわけだ。

Aが資金力のある会社で、B、C、Dが仲間ではなく、子会社だとしよう。すると旨味《うまみ》は2倍にも、3倍にもなる。すべて同じ資本系列を回るため、客の落とす金が総取りとなるからだ。

またその手の土産物店のスタッフは、鍛えぬかれていて、セールストークの上手なことといったらない。一例をあげれば、こんな具合だ。

「このホシブドウ、いつもは6袋で1000円だよ。今日は1つおまけして、7袋で10

00円にしちゃう。けれどもネ、ここだけの話、○○会社のお客様は特別。もう1袋サービスして、8袋で1000円ポッキリ。今日だけの出血サービスだよ」

この口上を聞いて買い、「添乗員さん、2袋もトクしちゃった」と、満面の笑みをうかべた参加者がいた。

うまい儲《もう》け話がありますよと持ちかけられ、サギに引っかかる人の話は後をたたない。20人に1人の割合だそうである。「トクしちゃった」と喜んでいるニコニコ顔を見ると、さもありなんと思ってしまう。

そういう業者主導のツアーは、夏と冬にとくに多い。暑さや寒さの厳しい時節は、どうしても旅行に出かけようという人は少なくなりがち。そこで業者の方から仕掛けて、人を引き寄せるイベントで盛り上げようというのだ。

たとえば冬ならばAで豚汁、Bで甘酒、Cで汁粉のふるまいをする。そしてそれぞれの店舗で「ちょっぴりプレゼント」と称して、来店者の心をくすぐるプレゼントを配る。

さらに各店で、ビンゴなどのゲーム大会を開く。またそれぞれの店から景品を出し合って、帰路のバス内で抽選会をもよおしたりもする。

最近では土産つきのツアーも増えてきた。メロンなどのフルーツや、カニなどの海産物、その土地を代表する菓子などの土産物がセットになったツアーである。

ところで旅行会社が売り出しているツアーの中には、あえて行き先を知らせない〝ミステリーツアー〟という商品がある。ツアー慣れした人が多くなり、どこへ行くか分からないということが、アピールポイントになるのである。

もともと買い物が大好きという人は、それなりにいる。したがって土産物業者が元締めの〝お買い物ツアー〟には、ある程度の参加者の数が見こまれる。その〝お買い物ツアー〟を〝ミステリーツアー〟と銘打って販売すると、参加する層はいっきょに広がる。

もちろん業者が練ったツアー企画は、いろいろな旅行会社に売りこまれる。企画が複数の会社で、採用されることもある。そのためライバル企業の〝ミステリーツアー〟が、ほぼ同じ中身というミステリーの生じることもあったりする。

団体ツアーの常連客の中には、〝ミステリーツアー〟の熱心なファンもいる。そういう人が異なる旅行会社の〝ミステリーツアー〟に、たて続けに2回参加した。ところがツアーの内容がいっしょで、驚くやらガッカリするやら。

2回目のツアーの添乗員だった私は、その参加者から「どうしてそういうことが、起きるのかしら?」と、クレームめいた質問を受けた。

「旅行会社の企画というのは、どこも似たり寄ったりになってしまうものなんです」と、苦しい言い訳しかできなかった。

〝ミステリーツアー〟の裏側を、かのサスペンスの巨匠ならば、どのようなミステリアスなシーンに描きあげるであろうか。

ノーショウ添乗員

業界用語に「ゴーショウ（Go Show）」、「ノーショウ（No Show）」というのがある。前者はツアー参加者名簿に名前のない人が、集合場所に現れること。めったにないケースだ。それでも私は二度、経験したことがある。

一度目は初老の年格好の夫婦に夫の父親、つまりお祖父《じい》さんが勝手について来てしまったというもの。家からいそいそと息子夫婦が旅支度で出かけるのを見て、お祖父さんも旅心をかき立てられたのか。

あいにくそのツアーは、バスが満席であった。旅行会社に連絡を入れると、補助席で構わないのであればOKとのこと。その旨を伝えると、お祖父さんは大喜び。正規の座席ではないため、500円引きで「ゴーショウ」参加となった。

3人で話し合いがあったのであろう。本来は夫婦水入らずの席に、お祖父さんと奥さん。はみ出る形で補助席に座ったのが夫君。お祖父さんはツアー中、すこぶる上機嫌この上なかった。

もう一つのケースは、東京の池袋発のツアーであった。参加者の受付をしていた私に、老夫婦がツアーの旅程表を差し出して、「このツアーの係の人かい?」と訊いてきた。旅程表を見ると出発は7時で、バスはとうに出ていた。私のツアーは、7時半出発である。同じ旅行会社ではあるものの行き先の異なる、まったく別のツアーであった。

要するに二人は勘ちがいをして、30分遅れで来たというわけだ。そのことを伝えると、せっかくここまで来たのだから、代わりに私のツアーに参加させてくれとせがまれた。

これまた旅行会社に相談すると、席に余裕があればいいとのこと。その日は空席があった。それで夫婦は当初の予定の静岡から山梨へ、まさかの行き先変更の旅となった。

いずれの二例も昼食の人数変更を、食事処へすぐに連絡した。当日に減ることはあっても、増えることなどめったにない。事情を説明すると、先方も驚いていた。

後者の「ノーショウ」は、名簿にのっている参加者が集合場所へ来ないこと。「ゴーショウ」とは逆に、こちらはよくある。

現在の日帰りツアーは、前日に添乗員から参加者へ、確認の電話を入れないのが普通だ。そのためツアーのことを忘れて、当日に現れずということが間々ある。

そういう場合、添乗員は「ノーショウ」参加者や旅行会社に、すぐに連絡を入れる。そういうドタバタ劇の果て、予定よりも10分から20分ほど遅れて、バスが出発というパターンが多い。

ほかの参加者に迷惑はかかるわ、スケジュールの消化に支障をきたすわで、難儀な旅のスタートとなる。ただしその場合は、ツアー代金を支払った側のドタキャン劇。「ノーショウ」本人が、損をするだけの話だ。

ところがツアーを導く立場の「ノーショウ」となると、大変なことになってしまう。添乗員の研修の席で、見習ってはいけない悪例として、二つの事例が紹介された。

まずは東京駅から新幹線に乗って、広島を観光するツアーでの不始末。添乗員が前夜に酔いつぶれて、当日の集合時間に現れなかった。

添乗員は前日にツアーの準備段階で、旅行会社から新幹線の団体乗車券を渡されていた。結局、「ノーショウ」で参加者は新幹線に乗れず。そのためにツアーそのものが、キャンセルとあいなってしまった。

ツアーのキャンセル料の総額を、旅行会社は派遣会社に請求。派遣会社はデタラメ添乗員に、その請求書に加えてレッドカードを突きつけたという。

続いては成田空港発のスペインツアーの不祥事。東京のある大手派遣会社が自前では添乗員が足らなくなり、大阪支社から人を回してもらうことになった。

大阪から成田へは、新幹線で移動することになっていた。ところがその添乗員は交通費を浮かして、小遣いかせぎをしようとたくらみ、高速バスに乗る。

悪いことはできないもの。高速道路上で死亡事故が起きて、通行止めとなってしまう。そのためツアーの出発時間に、間に合わなくなってしまった。連絡を受けた派遣会社では社員がアワを食って、パスポートを持って空港へ駆けつける騒ぎとなった。

救いは新幹線とちがい、航空券は当日に空港で、旅行会社のスタッフから手渡されることだ。そのためツアーは、ギリギリのところで成立。駆けつけた社員は10日近くにわたって、冷や汗ものの添乗業務をこなしたという。

最後に私の「ノーショウ」体験談を披露する。もちろん私がしでかしたことではない。同じツアーの台数口でコンビを組んだ先輩の不行跡で、私はそれを目撃したのである。

その日、先輩と私は東京都下のJR立川駅前が、バスの出発地であった。ただし2台のバスはその後、別々の場所で集客してから、金沢へ向かうことになっていた。

集合時間はともに6時半で、私はその30分前から受付業務をしていた。そうしている間に

2台のバスの参加者は、ぽつりぽつり集まってきた。しかし先輩は、いまだ現れずであった。

やがて私のバスの参加者が、全員そろった。もう1台の方も、かなり集まっている。私は先輩に電話したが、つながらなかった。それで派遣会社の緊急連絡先に電話し、状況を報告した。

もう1台のことは気になったものの、私の方も次の集合地で参加者が待っている。後は派遣会社の社員に任せて、バスを出発させることにした。

もう1台の方は社員の指示で、ドライバーが参加者をバスに乗せる形で、集客場所を回った。そして最後の乗車地で、タクシーで駆けつけた社員がからくもバスに乗るという、綱渡りの集客業務となった。

結局、先輩は現れずじまい。参加者には添乗員が体調不良で、自分がピンチヒッターで来たと言い訳したそうだ（後で分かったことだが、これまたドロ酔いのあげくのご乱行）。

ピンチヒッター社員とは連絡を取り合い、高速道路のサービスエリアで落ち合った。何しろその社員は身ひとつで現れて、ツアーのことは何も分かっていない。急いでツアーに関する書類をコピーするなどして、今後の打ち合わせをした。

二十代の若手男性社員は、深い眠りを突然に断たれ、今まさに起きたところという様《さま》であった。夢遊病者のようなその顔が、椿事《ちんじ》を何よりも物語っていた。

アンケートというキミョーな鏡

「あなたって、媚《こ》びないのね」。あるツアーで女性の参加者に、そう言われたことがある。どの旅行会社でもツアーの最後に必ず、参加者に満足度がいかほどであったかというアンケートを実施する。もちろん添乗員も、評価の対象である。

そのため点数を上げようと思って、参加者におもねる添乗員がいる。私とて笑顔を絶やさないようにして、参加者と接するようにしている。

だがそれも、程度問題である。あまりに度を越すと、イヤらしい。しかし実際には、過剰なまでの媚をふりまく添乗員が、けっこう多い。

ニコニコ指数の高い添乗員に限って、参加者のいない所では、アッという間の変わり身の現金なこと。醜い二面性を、何度も目にしてきた。

「ずいぶんリラックスして、仕事をしているのね」。これまた女性の参加者から、掛けられた言葉である。称賛とも非難とも取ることのできる、ビミョーな言葉だ。

その参加者はおだやかな口調で、私に語りかけた。少なくとも悪い感情は、いだいていないようである。

私のように肩の力を抜いて添乗業務をしている者もいれば、ピリピリしながら仕事をしている者もいる。

添乗員が10人いれば十人十色、それぞれ独自のスタイルで、仕事をしている。それをどのように評価するのかは、参加者次第なのである。

ビデオリサーチが、タレントイメージ調査というのを実施している。どんなに人気のあるタレントでも、人気度100パーセントという数字は、出ないそうである。70パーセントくらいが、上限だという。

添乗員も同じである。私の持ち味を色にたとえると、青だとしよう。その青を気に入る人もいれば、大嫌いという人も出てくる。全員が青に拒絶反応を示すことになれば、添乗員失格の烙印《らくいん》を押されてしまう。

ところでツアーが終わって、参加者がバスを降りる時の反応が、すでにしてアンケートそのものである。

その際に添乗員はバス前で、参加者に挨拶をする。ツアーに満足し、私を好ましく思っている人の中には、感謝の意を表してくれる人もいる。女性はたいてい、「今日は楽しかったわよ」と、言葉と笑顔で謝意を表明する。

対して男性は、握手で気持ちを伝えようとする人がいる。満足度が高かったのか、ひじょうに強くにぎられて、痛い思いをしたことがあった。

逆に私に対して不満の場合は口に出さずとも、何となく分かるものだ。態度がよそよそしく、目も合わそうとしないからだ。

私はツアー中、和気あいあいとした雰囲気を作るべく、参加者になるべく笑ってもらうよう心掛けている。

笑いを取ろうと、ジョークを言ったとしよう。参加者の中にひとりでも笑いの感度が高く、敏感に反応するタイプの人がいてくれると助かる。ひとりの笑いでバス車内の和やかなムードが、ずいぶんと違ってくる。

それが2、3人ともなると、もうシメたものである。笑いの渦は2乗にも3乗にもなり、打ち解けた空気が加速される。

ことほどさように添乗員と参加者の相性がフィットすると、愉快な旅路となる。時には爆笑につぐ爆笑というツアーに、なることもある。

私の経験上もっとも安定して笑いを取ることができるのは、アンケート用紙を配る際のひと言である。

その時に私は、「添乗員の評価もございますので、ぜひとも温かい目でよろしくお願いします」と、ひと言そえるようにしている。この下心見え見えのフレーズは、いつもバカ受けする。

そういう具合に自分なりにあれやこれや工夫して、参加者に少しでも喜んでもらえるよう、そして自分の評価が上がるよう、努力をしている。

それではギャグが大受けして、大爆笑になるようなツアーのアンケートがいいかというと、必ずしもそうなるとは限らない。

笑いをたくさん取ることができ、参加者のほとんどがニコニコしていて、愉快そうにしている。今日のアンケートはいいなと思っていると、あにはからんや意外な結果となることがあったりする。

その反対に何を言っても、参加者の反応はいまひとつ。通夜のように、ずうっとシーンとしているということも間々ある。おまけにつまらなそうな顔、不機嫌そうな顔をしている人もいたりする。

そういう時には、戦々恐々《せんせんきょうきょう》としてアンケートを見ることになる。そしてこれまた思いのほかの評価のこともあったりするのだ。

ニコニコ顔も不機嫌な顔も、もちろん参加者の胸の内を映している。けれどもその奥底にひそんでいるのは、不可解な紋様である。

参加者の心という鏡は摩訶《まか》不思議で、謎にみちている。

苦情《クレーム》も世につれ

私が添乗員の仕事を始める少し前のこと。新聞の人生相談のコーナーに、サラリーマンが仕事上の悩みを訴えていた。内容はだいたい、以下の通りである。

自分が勤務している会社では、業務連絡にメールを使用している。社員どうしの席が近く、話し合えばすむ場合でも、メールが使われている。そういう仕事環境になじむことができず、最近はウツ気味で苦しんでいる。

もうふた昔も前の新聞記事である。それなのになぜ覚えているかといえば、私も同じタイプの人間だからである。

新型コロナウイルスの感染が拡大の一途をたどっていた頃、テレワーク勤務を導入する企業がいっきょに増えた。コロナ禍によって仕事環境の光景が、一変した感さえしたものだった。

変化は仕事を取りまく環境だけにとどまらなかった。オンラインでの教育、医療、呑み会、葬儀など、社会のあらゆる面でデジタル化が進展した。

身近なところでは、デジタル監視システムとは最も縁遠いような感じのバスのドライバーも、時代の波にいやおうなく組みこまれている。

一時《いっとき》、ドライバーの体調不良が原因で、バスの事故が頻発したことがあった。そのため大手のバス会社では、バス内にドライバー監視用のカメラを設置しているところが多い。さらに録音もしているそうだ。

また彼らは昼休みなどの休憩時に、アルコールを呑んでいるか否かをチェックする機械に、息を吐いている。そしてその結果を専用の接続システムで、会社に送信している。

少し前までの泊まりの仕事では、添乗員のサインで十分であった。何のサインかというと、ドライバーが酒を呑んでいないという証明であった。

バスの出発前に改まった顔でドライバーに、「梅村さん、よろしくね」とたのまれれば、「よろしく」するしかなかった。そんな時代が懐かしい。年を追って世の中の変化のスピードが、加速している。

そういう風潮のもと、添乗業務を生業《なりわい》としている身としては、ひじょうに気になるトラブル記事を業界誌で目にした。以下はその事例である。

「旅行会社A社の国内バスツアーに参加した田口さん（仮名）。バスでの移動中に携帯電話で長時間通話している人がいたため、添乗員の携帯にショートメッセージを送り、注意するよう促しましたが、添乗員はメールに全く気づかず返信もありません。田口さんは不愉快な思いをした精神的慰謝料を、A社に請求しています」（『週刊トラベルジャーナル』2020年4月13日号「トラブル処方箋」）

記事には「消費者の不満」、「旅行会社の言い分」、そして中立的な立場からの「弁護士の処方箋」が載っていた。

弁護士の判断は、添乗員には「全員が揃《そろ》っているバスの車内で旅行者のメールに応対する義務はない」であった。また旅行会社は、「観光内容には支障はなかったので、慰謝料の支払いは致しかねる」とのこと。しかし「当該添乗員には厳重に注意しておいた」そうである。

他人《ひと》ごとではない事例である。不特定多数が乗車するツアーのバス内では、周囲のことを考えず、迷惑行為をする人が時折いる。

迷惑な人に直接注意すると、さらなるトラブルに発展することもある。そこでそういう場合は、サービスエリアでの休憩時などに、添乗員に相談してくるケースが多い。今までの私の経験では、そうであった。

ところが週刊誌の事例は、メールでの相談である。私もメールに気づかず、結果的に無視したということで訴えられ、旅行会社から「厳重に注意」を受ける可能性が、なきにしもあらずである。

そういう事例が現に記事になっているということは、今後はクレームも時代の流れに沿って、複雑な様相をおびてくるということを示唆している。


個人的にはそのような社会の変容には、ついて行くことができない。そしてでき得る限り、ついて行くつもりもない。

先日、ある料理店で食事をした折のこと。目の前にスタッフがいるのに、口頭での注文を受けつけてもらえなかった。注文はすべて、タブレット端末でということであった。回転寿司店でも、そういうシステムが増えている。

古いタイプの人間は、そのような注文方法はひじょうに違和感を覚える。だからデジタル化した飲食店へは、なるべく近づかないようにしている。

二十年ほど前に私は添乗員になるに際して、ある旅行会社で面接を受けた。面接の担当者は私がケータイ電話を持っていないことを知り、引っくり返るほどに驚いた。「添乗員になるなら、ケータイはぜったいに必要ですから」と、強く言われた。当時すでに、ケータイは持っているのが当たり前という時代であった。やむなく購入することにした。

たしかにケータイは添乗業務をする上で、なくてはならぬものであった。だが仕事からはなれると、私はケータイを常にケータイしているわけではない。あくまでも仕事上の相棒なのだ。

ふだんは家に置きっぱなし。散歩や買い物の際には、いちいちケータイしない。DVDで映画鑑賞する時は、中断されたくないので電源を切ってしまう。

そんな具合だから添乗員仲間では私のことは、「ケータイに基本、出ない人」というレッテルが張られているそうな。

悪《ワル》の訪問者

募集型ツアーの場合、添乗員は必ず準備の段階で、旅行会社から参加者の名簿を預かることになっている。

バスツアーならばその名簿に、グループの代表者の名前と連絡先、グループの人数、トータルの参加人数、バスの乗車場所などが記してある。

ところがグループの人数を合計した数字と、トータルの人数がどうしても一致しない。また参加者の中に、乗車場所が記されていない人がいた。

そういうミスが、ツアーの出発の直前になって判明する。それで何度も何度も、名簿を調べ直してみる。

しかしどうしても、疑問を解消することはできない。そうこうするうちに、出発時間がせまってきた。

なす術《すべ》のなくなった私は、どうすればよいのか困りはててしまう。ウーウーうなされているところで、目が覚めた。

現実には、まずあり得ないミスである。けれども繁忙期には、添乗員が旅行会社にツアーの準備に行く時間を、取ることができないこともある。

そうなると書類一式は、自宅へ送られてくる。そのツアーの前日に、別のツアーに出ていれば、書類に目を通すのは、さしせまってからになってしまうこともある。

会社も添乗員も忙しさにかまけて、ついうっかりということも、100パーセントないとは言い切れない。

夢の中に出てきたようなトラブルの可能性は、なきにしもあらずなのだ。そういう潜在的な危機意識が、悪夢を招き寄せてしまったのであろう。

参加者が集合場所へ現れない。ツアーの途中で、参加者が行方不明。そういう添乗業務中に起こり得るトラブルの潜在意識が、次から次へと夜の訪問者となって、睡眠中の私をさいなむことが再々である。

海外ツアーの仕事を始めて、てごわい新参者が現れるようになった。

私はトルコの病院にいる。ツアーの参加者が昼食をとっている最中、意識を失って倒れてしまったのだ。

すぐに救急車がきて、病院へ向かった。それで私もいっしょに、付き添って行くことになったという次第だ。

倒れたのは、六十代の女性であった。夫君によれば奥さんは高血圧症をわずらっていて、日常的に降圧剤をのんでいる。強い薬のせいで、時々フラフラすることもあったという。

私がつたない英語で、医師にそのような内容のことを伝える。躍起になって説明するものの、さっぱり通じない。

あせった私はジェスチャーをまじえて、オーバーアクションで必死に病状を伝えようとする。

しかるに医師は、ますます困惑した表情を浮かべるのみ。あげくの果てに両手を横に大きく広げて、〝わっかりませーん〟ポーズを取るではないか。

私は、困りはててしまった。そうして例によって、呻《うめ》き声をもらしながら目を覚ますのであった。

初めてのトルコツアーでは、実際に夢の通りの出来事があった。ただし夢とはちがって、病院へ同行したのは私ではなく、トルコ人ガイドであった。

そのことが後で、問題となってしまう。ガイドがいなくなり、その日の午後は観光をせずに、早めにホテルへ入った。

翌日、昨日の未消化分もふくめて、一日プラス半日のスケジュールを消化した。駆け足となった観光は、参加者の不興を買ってしまう。

私は初トルコツアー。ガイドもまた、初心者マークの未熟者。そういう二人がコンビを組んで、対処の仕方をまちがえてしまった。病院へは、私が行くべきだったのだ。

そのミスが添乗員とガイドの行動を逆にして、私が病院でまごまごするという英語バージョンとなって、夢の中で悪さをしたというわけだ。


この作品を執筆している最中に、今までにない新しいタイプの悪《ワル》の訪問者が、現れるようになった。

数年前に、目の調子が悪くなった。夕方になると、目がショボショボするのだ。軽い痛みをともなうこともあった。しばらく様子をみていたが、一向によくなる気配はなかった。

健康だけが取り柄で、日頃は病院や薬局とは無縁の生活を送っている。そうはいっても、私とて生身の人間。たまには身体のどこかに、ガタがくる。数年ぶりに、医者の世話になった。

視力や眼圧など、いろいろな検査を受けた。その結果、白内障、緑内障といった、高齢者に多い重篤な病気ではなかった。

見立ては眼精疲労、要するに疲れ目であった。「目が悲鳴をあげているということです」と言われた。

思いあたるフシは、十分すぎるほどにあった。添乗業務がなくて家にいる時は、パソコンをはじめ読書、テレビ、ＤＶＤなど、一日じゅう目を酷使している。「悲鳴」も当然である。

以来、大いに反省して生活スタイルを、すっぱりと変えた。原稿は手書き。インターネットの利用は必要最小限。という具合にパソコンから、できるだけ遠ざかっている。したがってこの作品は、ボールペンを用いて執筆した。

パソコンならば、漢字の変換は楽チンである。ところが手書きとなると、自分の頭で変換しなければならない。

お恥ずかしい話だが、漢字にはいまひとつ自信のないところがある。それで確認のため、辞書の世話になることが多い。

そのせいであろうラインナップに加わったルーキーは、辞書のページを繰っても繰っても、目的の漢字にたどりつけないという、しんねりむっつりした輩《やから》である。

「添乗員は何でも知っているわけではありません」と、以前に夢の中でもいいから言ってみたいと記した。

けれどもそのようなスッキリした気分になることは、夢のまた夢。人生の新たなるステージに入れば入ったで、悪《ワル》のネタは尽きぬようだ。

「もうお客さん、集まってるわよ。何やってんのよ！」

大手の旅行会社の中には、センダーと呼ばれる職種の人がいる。空港や駅、バスの出発地点などで、団体ツアーの受付などをおこなうのを、主たる業務としている。だから私たち添乗員にとっては、ツアーの出発間際のあわただしい時に、頼りになる存在である。

ほとんどは穏やかな性格の人たちである。しかし中には、気性の激しい人もいる。A旅行会社の東京の上野が出発のバスツアーでは、牢名主《ろうなぬし》のごとき中年女性センダーが君臨していた。

派遣会社に所属している添乗員は、いろいろな旅行会社の仕事をする。しかも国内だけをとってみても飛行機、新幹線、バスなど、さまざまな乗り物で出かけるツアーがある。

その上に私みたいに国内、海外の二刀流という添乗員もいる。したがってA社の上野出発のバスツアーの仕事につくのは、年に数回のことである。

対して牢名主は、毎日のように上野の出発場所に張りついて、業務をこなしている。主みたいな存在になるのも、無理からぬことではある。

ある時に電車が遅れて、集合時間のギリギリに、上野の出発地点に着いたことがあった。息せき切って駆けつけた私に、牢名主が怒声まじりに浴びせたのが、上記の言葉である。

普段にしてからが、言葉のきつい女性《ひと》である。そういう女性が、腹立ちまぎれに発したものだから、言い方がどぎついことといったらなかった。やり取りを見ていたツアーの参加者の中には、忍び笑いをしている人もいた。

私が彼女と再び会うのは、数カ月も先のこと。ここはガマンガマンと牢名主にあやまり、笑顔で参加者たちの方へ向かった。

第3章
規格外だよ海外トラブル

ちょと待てください

国内ツアーの添乗業務で経験を積んだ私は、やがて海外ツアーの仕事をしてみたいという思いが強くなった。

海外ツアーで添乗業務をするには、テストを受けて資格を取得しなければならない。どうにかテストにパスし、いよいよ海外デビューすることになった。

添乗員は通常、日帰りバスツアーから仕事を始める。そしてバスの宿泊ツアー、新幹線や飛行機を利用した宿泊ツアー、さらに海外ツアーと仕事の幅を広げてゆく。

海外も初めのうちは、行き先はアジアである。なぜかというと日本語ガイドが、現地でずうっと同行してくれるからだ。何から何までガイドが面倒をみてくれるので、国内ツアーよりも楽な面もあるほどだ。

私はまさにその通りに、ステップアップしていった。そうして満を持して、インドへ旅立つことになった。

出発の前日、空港での受付業務のおさらいを、念入りに行った。そのせいもあって翌日、海外初添乗で気持ちは昂《たかぶ》りながらもソツなく、ツアーの参加者の受付を、終えることができた。

そして参加者全員が飛行機に乗ったことを確かめて、私も乗りこんだ。まずは第一関門突破である。

機内のシートに身を沈めた私は、インドに着いてからの流れを確認すべく、書類を広げた。そして到着する空港について不明な点があったので、客室乗務員にたずねることにした。

通りかかった乗務員に、声をかけた。質問をきいた彼女は、「ちょと待てください」という、カタコト日本語で返してきた。

私はてっきり日本人だとばかり思いこんでいたので、ビックリしてしまった。そんなやり取りがあってよくよく見れば、たしかに異国風の顔立ちをしている。

私が乗っているのは、日本を代表する航空会社の飛行機である。もっともその会社は、少し前に経営破綻をして、社会に大きな話題を提供していたが。

いったん奥へ引っこんだ乗務員は、お局《つぼね》風責任者をともなって来た。お局は日本人であった。年齢もキャリアもベテランで、質問によどみなく答えてくれた。

そんなことがあったので、改めて乗務員をしげしげと観察してみる。するとエコノミークラスは全員、東南アジア系の外国人のようであった。

航空業界にくわしい人によれば、日の丸飛行機の客室乗務員が外国人くらいのことでは、驚くに値しないとのこと。一見、華やかそうなものの航空業界というのは、それほど儲かる商売ではないらしい。

たしかにわが国だけでも大手と準大手の会社が、経営破綻している。コロナ危機に際しては、日本を含めた世界のあちらこちらの会社で、その手の話題がニュースをにぎわせていた。

「ちょと待てください」でショックを受けたのは、もうひと昔以上も前のこと。今や日本国内のいたるところで、怪しげな日本語が氾濫している。

それどころかコンビニやファストフード店では、外国人スタッフがにこやかに挨拶してくれるのが、ごくごく日常的な光景となっている。

先日もコンビニに入ったら、アラブ系の若者に元気よく、「いらしゃいませェ」と声をかけられた。彼は器用な手つきで、おでんの鍋をお玉でかき回していた。

またファストフード系の中華料理店で、食事をした折のこと。店内を動き回っているスタッフは、すべて外国人であった。食事を終えた私はその内のひとりに、領収証のことでやや細かい注文を出した。

すると彼は当惑して、責任者を呼びに行った。現れた責任者も、中国人風の女性であった。ただし彼女は日本語にも、客のうるさいリクエストにも精通していた。

私の子供の頃、外国人はひじょうに珍しかった。当時と現在の日本では、別の国のようである。人の交流という点で言うならば、あの頃のわが国は実質的に、鎖国に近い状態だったのである。

ところで仕事柄、旅館やホテルにはよく泊まる。それらの宿泊施設において、掃除や食事などを担当するスタッフは、やはり外国人が多い。そしてそのほとんどが、若者である。

ネパールから来たスタッフと親しくなり、少し話をしたことがあった。彼は「国では仕事がないので、みんな外へ出て、いろいろな国で働いてます」と、日本の旅館で仕事をしている事情を教えてくれた。

おしなべて彼らは、同年代の日本の青年とは異質なハングリーな雰囲気をまとって、懸命に働いている。

そのような彼らがミスをしでかし、「ちょと待てください」と言うならば、「ちょと」でもいくらでも待つよという心持ちに、なろうというものだ。

同じサービス業とは言うものの、航空業界と旅館業界は異次元のレベルである。「ちょと待て」に登場したのは、お局ならぬ辛酸をなめつくしたという感じの、出涸《でが》らし風の責任者であった。

もっとも出涸らしとは言いながらも、日本人の責任者に、いつまで会うことができるやら。先のファストフード店ではないが、責任者もいずれ外国人材が担うことになるかも。もしかしたらそのポストを、ロボットが担当する時代が来るかもしれない。

異邦人《エトランゼ》の青空トイレ

話はふたたびインドにもどる。かの国では有名な観光スポットで、ツアーバスが来るのを、手ぐすねを引いて待ちかまえている一団がいる。物売り、物乞いである。

バスが到着して、ツアーの参加者が降りてくる。すると彼らは砂糖にアリがむらがるごとく、瞬時に取り囲んでしまう。

そして大声でまくしたて、身ぶり手ぶりをまじえるという過剰なまでのアクションで、ツアーの一行に追いすがってゆく。

そのド迫力に旅人たちは、タジタジとなるばかりだ。観光のオードブルとして、そのような奇襲攻撃めいた儀式が、必ずと言っていいほどある。ツアーの面々はほうほうの体《てい》で、観光施設の中へ逃げ去るように入って行く。

だが儀式は、まだ終わったわけではない。参加者が観光を終えてバスにもどってくると、盛大に第2ラウンドのゴングが鳴り始める。

バスが出てしまえば、それまでである。だから逃がしてなるものかという執念をみなぎらせて、先ほど以上のいっせい攻撃が繰り広げられるのだ。

ツアーの一行は最初のうちこそ、オドオドした態度で防戦一方となる。しかし毎日、数回にわたって強引なアタックを受けているうちに、免疫ができ上がってしまうようだ。

そうして旅人たちは柳に風とばかりに、攻撃をやんわりと受け流すようになってゆく。それがインドにおける団体ツアーの観光パターンである。

またかの地で異様に映った光景は、ほとんど裸同然の人が、街を徘徊《はいかい》していることである。ガイドにたずねると、インドでは出生届を出さず、産みっぱなしにされたままの赤ん坊が、後をたたないとのこと。

そうして成長した彼らの数はとうてい把握できず、正確なインドの人口など、誰にも分からないとガイドは言っていた。

わが国では所得格差が、大きな社会問題となっている。ところがこの国では格差というレベルを超越した、とてつもない差が立ちはだかっている。その上にカーストという階級制度が今でも厳然として残り、社会を分断している。

そういう国ならではの、恐ろしい話を耳にした。物乞いの多くは、身体障害者である。中には五体満足の赤ん坊を、わざと障害者に仕立てる親もいるそうだ。一家が食べていくことができるからだという。

縁あって私は、そのようなおぞましい一面のある国に、足繁く通うことになった。通常、団体ツアーというのは立ち寄る場所も、通る道順もだいたい決まっているものである。だから私はインドの定番観光コースを、何度も何度もめぐった。

その私が一度だけ、通常のツアーでは決して訪れることのない土地を旅するという、ある意味において貴重な体験をしたことがある。

あるツアー中に、カーストの最下層の人たちによる暴動に遭遇したことがあった。旅行会社の指示で危険をさけるため、バスは幹線道路からそれて、迂回ルートを進むことになった。

かの国では交通ルールなど、あってなきがごとしなのだ。そのため交通量のはげしい幹線道路は、混雑と混乱がないまぜになった無秩序状態となっている。

そのような恐ろしい道路から、ひっそりとした田舎道へ入った。最初のうちこそ平和な道路環境に、心も静まった。

ところがローカル度をどんどん増してゆくにつれ、文明と隔絶したかのような農村に分け入ってゆくではないか。そうしてやがて、道なき道を進むというような状況になっていった。

舗装もしていないガタガタ道を、ドライバーはカーナビはおろか、地図も持たずにバスを進めてゆく。

分かれ道にやって来ると、ドライバーとガイドがバスから降りる。そして道標を見ながら相談の上、進路を決めるという有り様であった。

さすがに参加者から、そういうルート選択に不安の声があがった。それに対してガイドは、「まかせて下さい」と力強く言い放った。

ここは正確な地図もないようなインドの僻地である。頼りないけれども時代錯誤のコンビに、頼るほかなかった。

もっとも困ったのが、トイレである。バスの移動では、1時間半から2時間に1回のペースで、トイレ休憩を取ることになっている。

けれども観光バスなど、めったなことでは通らない辺境の地のこと。トイレ休憩ができるようなドライブインや土産物店のたぐいは、影も形もなかった。

仕方なく生理現象は畑の中の空き地で、青空トイレとするしかなかった。ところがどこからともなく、子供たちが興味しんしんという顔をして、集まってくるではないか。

もちろんそういう場合の交通整理は、添乗員の仕事である。私は異国の地で、にわかトイレの番人となった。

急に現れた異邦人集団のトイレ騒動に、子供たちは目を丸くしていた。見開いたどの瞳も、異様なまでにきらめいていた。目がこんなにもキラキラ光るものであったのかと、驚いてしまった。日本ではついぞお目にかかったこともない、まばゆいばかりの輝きである。

単に民族の違いなのか、それとも文明に侵食されていないゆえの汚れなき瞳なのか。青空トイレの番人となって、思いもかけぬ僥倖《ぎょうこう》にめぐまれた。

何が何でもカレー

海外ツアー初添乗でインドへ行って以降、しばらく同国の仕事が続いた。並行して国内ツアーの仕事も行った。

それにつけてもインドには、つくづくと縁があると感じる。インドから来日したツアーに、一週間にわたって同行する仕事につくことになった。

それは外務省の招待でインドの高校生に、日本文化を理解してもらおうというツアーであった。

趣旨が趣旨だけにディズニーランドのような場所は、スケジュールに入ってはいなかった。高校生たちは日本の高校を訪問して、交流した。また江戸切子などの伝統工芸の製作現場を、見学するなどした。

そのようなかた苦しいツアーだけに、隙間のちょっとした時間にスーパーマーケットで買い物をすると、彼らは喜々としていた。

生徒以上にはしゃいでいたのが、引率する立場の教員であった。生徒そっちのけでわれ先にと、ショッピングを満喫していた。

国内ツアーだとフリータイムに、わざわざスーパーマーケットに足を運ぶ人はまずいない。ところが海外ツアーともなると、一転してひじょうに魅力的な場所となる。

スーパーは庶民の生活に直結している。したがって店内を覗けば、旅行先のお国柄の一端が分かろうというものだ。

何より一番の魅力のポイントは、適正料金で商品を買うことができることだ。観光地の割高な品をさけて、土産物をここで調達する人も少なくない。

そしてある種のオアシスのような場所でもあるのだ。パッケージツアーはスケジュールの中に、たくさんの土産物店が組みこまれている。

そのため旅人は魂胆みえみえの営業スマイルに、ほとほとウンザリしてしまうのが常である。だからサービスのないサービスを展開するスーパーは、ある意味で心が休まる場所となるのである。

日本滞在中にもかかわらず、インド人ツアーの食事は、おおむね三食ともカレーであった。

朝食はホテルで、バイキング形式である。しかしズラリと並んだ料理の半分ほどが、カレーで味つけしてあった。

そして昼と夜は、インド人の経営するレストランで食事をした。そこでは例外なくインド製ミュージカル映画が、大画面で上映されていた。俳優の歌い踊るシーンを眺めながら、料理に舌鼓をうつというのが、インド流の食事スタイルであった。

私は同じようなツアーで、中国人とベトナム人にもついた。両国の一行は積極的に、和食にチャレンジしていた。ツアーの趣旨からすれば、当然のことであるが。

また三国の中で、教師が最もこわかったのはベトナムである。もう半世紀以上も前、私の小学生や中学生の頃を彷彿《ほうふつ》とさせる熱血の指導ぶりで、妙になつかしかった。

正反対がインドである。上記のスーパーでの買い物は、その一例である。教員たちは指導者という立場を忘れて、物見遊山の気分で極東の島国を旅していた。

添乗員の私も、一行と同じ食事をとった。最初のうちこそ本格的なカレー料理を、喜んで食べていた。だが二日、三日とたつうちに、だんだんとゲンナリしてきた。

四日目の昼食で、限界に達する。レストランに入ってカレーの匂いをかいだとたん、ムカムカが止まらなかった。ミュージカルの歌と踊りの洪水も、拷問のようであった。

すぐに旅行会社のそのツアーの担当者に電話を入れ、一行とは別の食事にしてもらいたいと直訴《じきそ》した。拍子ぬけするほどあっさりと、訴えは了承された。おそらく前例が、あったのであろう。

その日の夕方、一行をインド料理店へ案内すると、私は近くのソバ屋へ駆けこんだ。ソバつゆの匂いが、嬉しかったのなんの。ソバを運んでくるスタッフに、頬ずりしたいほどであった。

そんな経験もあって、カレーがトラウマとなって、以降は拒絶反応を示すのではないかと心配した。

だがそれは、杞憂であった。程なくしてまたインドへ行ってみれば、カレーをペロリとたいらげてしまった。カレーが一週間も続いても平気の平左《へいざ》。毎回、おいしくいただいた。日本で食べたインド人シェフの作るカレーと、本場のインドで食べたカレーに、それほどの味の違いはないはず。

なのにどうして、こういうことが起きるのか。旅というものには、本当に摩訶《まか》不思議なところがあるものだ。

海外ツアーは「世間」ができる

旅行会社が主催する募集型の団体ツアーというのは、ツアー代金を支払って、見ず知らずの人々が参加する。いわば一時的に作られた集団である。

だから団体とはいえ、国内の日帰りや一泊二日のツアーならば、フリータイムともなれば参加者は個別に、バラバラの行動をとるものである。

しかし二泊三日、三泊四日と日数が延びれば延びるほど、知らない者どうしのバリアが取りはらわれ、仲良しになってゆくことが時折ある。

まして一週間から十日は当たり前の海外ツアーともなれば、参加者が打ち解けて〝お友達グループ〟を形成することは、よくあることだ。

中にはベッタリという関係になることもある。バスの移動中やレストランの席は、いつも隣り合わせ。観光中もつねにいっしょで、たがいに写真をとりあったりする。

ところが一心同体グループが、何かのはずみで仲違《なかたが》いということも間々ある。するとこれまでとは逆のベクトルが働き、たがいにそっぽを向きあってしまう。そうなると参加者の間に、ビミョーな波紋が広がってゆく……。

要するに海外ツアーの場合、一週間ほど同じ顔ぶれのコミュニティーが作られているうちに、「世間」ができ上がってしまうのである。また添乗員と参加者の間にも、自然と「世間」が醸成されてゆく。

ただし私の場合、参加者との距離を大切にしている。あくまでもツアー中における添乗員と参加者という関係で、それ以上でも以下でもないよう心がけている。

ほとんどの参加者は、そういう関係に収まってくれている。それでも中には、濃密な「世間」を築こうとする人もいた。


イタリアへ行くツアーのこと。スイスのチューリヒで、飛行機の乗り継ぎがあった。乗り継ぎに要する時間がたっぷりあったので、自由行動の時間を設けた。

いったん団体を解散するにあたって、私が注意事項を話した。すると「我々は高い金を払って、貴重な時間を買ってるんだ。御託《ごたく》はいいから、早く自由時間にしてくれよ」と、大声を出す人がいた。

そういう風に言われては、それ以上は話もできない。質問のある人は残ってもらうことにして、すぐにフリータイムとした。以来、私は要注意人物として、その男性をマークすることにした。

男性はひとり参加で、それだけのことを言うだけあって旅慣れていた。だが個性が強く、目立つ人だった。最初に強烈なパンチをもらったものの、その後は私の仕事の邪魔をすることはなかった。

ただし日中のスケジュールを消化し、ホテルへ着いてからがコトであった。私が夕食のために、ホテル内のレストランへ参加者たちを案内する。

すると男性は即座に、フルボトルのワインを注文。私を呼んで有無を言わさずに、「ごくろうさん」とグラスにワインをなみなみと注ぐのだった。

男性はかつて商社でバリバリに働く、いわゆる企業戦士であった。現在は奥さんに先立たれ、子供たちも独立し、自由気ままな年金暮らしとのこと。

一軒家にひとりだと何かと不便なので、近々マンションに引っ越そうと考えている。そういう話を毎夜、ワインを呑みつつ聞かされた。

そういうこともあって、最初は私の話をさえぎった男性が、やがて援軍に回るようになった。

移動中のバスで私が説明中に、おしゃべりをしている人がいた。すると「梅村君が話をしているんだろ。ちゃんと聞かなきゃダメじゃないか」と、注意してくれるのだった。ツアーも終わりに近づいた頃、男性はほかの参加者にシャッターをたのんで、私といっしょの記念写真をとった。

そしてその写真を、私の自宅へ送ると言った。私は会社へ送ってほしい旨を伝えた。さすがに男性はそれ以上、何も言ってこなかった。

もうひとりトルコツアーで、私をいたく気に入ってくれた人がいた。

ツアー中の夜ふけに私が寝ていると、枕元の電話がけたたましく鳴った。参加者からで、今すぐにホテル内のレストランまで来てほしいとのことであった。

何ごとかと駆けつけてみると、昼間に買った土産物のことである。ことさら緊急を要する話でもなかった。

それよりも寝ぼけ眼《まなこ》の私が、いっぺんに目が覚めるほどに仰天したのは、夜食に分厚いビフテキをパクパクと食べていることであった。世の中には鉄の胃袋を持った人がいるものだと、心底たまげた。

実際にその中年の男性は、最上級の健啖家《けんたんか》であった。団体で街を歩いて移動している時など、ひょいと屋台や店へ飛んで行って、何がしかの食物を買ってきては頬張っていた。奥さんには「昨夜はごめんなさいね」とあやまられた。そんなやり取りがあって、夫妻もまた夕食の席に私を呼ぶようになった。

男性は医者で、海外旅行が唯一の道楽だという。このツアーの後も、私といっしょに旅行したいようなことを仄《ほの》めかした。私は適当にあいづちを打って、やり過ごした。

以上の二人は、私のファンである。客商売をしている身としては、ありがたい限りだ。如才ない添乗員ならば、引き続き付き合いを保ったことであろう。

実際、そういう添乗員はまれではない。だが私は人との付き合いが、きわめて不得手なのだ。ツアーの参加者とは仕事の上だけ、一期一会《いちごいちえ》の縁としたい。

ふだんの生活においても同じである。馴染みの飲食店は、あえて作らない。「顔」になれば、いいこともあるだろう。しかしそれ以上に、わずらわしさが先立ってしまうのだ。

自分でも損な性分《しょうぶん》だと思う。だがこればかりは広沢虎造（二代目）ではないが、「死ななきゃなおらない」のである。

スーパーでつづるアメリカ

中堅クラスのスーパーマーケットチェーンを展開している会社が、消費社会の先進地アメリカの同業店舗を視察するツアーに、出かけることになった。

ツアーの一行はスーパーの社員をはじめ、系列のコンビニエンスストアの社員、そしてスーパーやコンビニに商品（ドリンク類や菓子など）を卸している会社の社員で、構成されていた。

私はその視察ツアーの添乗員として、日本から同行した。そしてアメリカで、日系アメリカ人のガイドと合流。かくしてスーパーマーケットをめぐる旅が始まった。

訪問するのはワシントンＤＣとニューヨークのみ。両都市のスーパーを、１日で４店舗から５店舗というペースで、５日間にわたって回った。１つの店舗へは、30分から１時間ほど滞在した。

けっこうきびしいスケジュールにもかかわらず、参加者たちは昼の視察が終わると、目をイキイキさせて夜の巷《ちまた》へとくり出して行った。

そのせいもあって、日中のスーパーからスーパーへの移動の時間、バス内はグーグーと眠りこける音が響いた。

かねてアメリカ人は体重の管理に、気を使っていると聞いていた。太った身体つきでは、管理職につくことはできない。なぜなら自分をコントロールできない者が、他人をコントロールなどできないというのが理由だそうだ。

そのためジョギングシューズや水着を、スーツケースに入れて旅するビジネスマンも、少なくないそうである。

ガイドは四十歳前後の男性であった。はたして彼は夜の帳《とばり》がおりる頃ともなると、ジョギングシューズにはきかえて、さっそうと街へ駆け出して行った。アメリカンスタイルの自己管理は、風説にたがわず本当であった。

私はというと、ホテル近くのスーパーでビールを買いこみ、いまひとつ理解できないテレビを見つつ、チビチビ呑んで過ごした。

ツアーの一行のようにバスの中でグーグーとはできず、さりとてガイドのごとくエネルギッシュにもなれず。ひたすら身体を、休めることにこれ努めた。

それはともかくかの地のスーパーは、日本のチマチマ店舗とくらべて、とにかくスケールがデカい。

単純に国土の広さがケタ違いなのだから、当然かもしれないが。通路も実に広々としている。この開放感、ゆったり感こそが、さすがアメリカという感じがした。

そしてどの店でも、イートインコーナーの充実ぶりが目を引いた。つまりこちらのスーパーは、食事処としての機能も備えているというわけだ。

また日本の寿司が食品コーナーで、普通に売られていることも、ビックリであった。碧《へき》眼《がん》の人たちがイートインコーナーで、寿司をパクついている光景を、行く先々のスーパーで見かけた。

さらにアメリカならではと感心させられたのは、エンターテインメント性あふれる店舗があったということである。

そのスーパーは店内が遊園地風に造られていて、いたるところに子供の喜びそうな仕掛けが、ほどこされていた。さすがディズニーが、産声《うぶごえ》をあげた国である。

意外と言っては失礼だけれども、商品の品質の良さも思いのほかであった。かの国最大のチェーンを展開しているスーパーで、自分の土産にとメジャーリーグのメッツの帽子を買った。安価でしかもデザインがしゃれていて、とても気に入った。

おまけにキャップは、しっかりと作られていた。数年たった今でも、私の頭の上でがんばってくれている。日本国内でほぼ同じ価格で購入したキャップよりも、メッツ帽はあらゆる面ですぐれている。

さすがベースボール発祥の国だ。ベースボールと野球だけではなく、キャップの実力差も、いかんともしがたいものがある。


ほとんどのスーパーには、事前の通告なしに訪問した。いきなり30人ほどのアジア系の男たちが、店にドヤドヤと入って来たのだから、さぞや異様に映ったことであろう。

我々の行動は、店内に設置されたカメラを通じて、店側のスタッフに注意深く、見守られていたはずである。

じかに監視、いや威嚇《いかく》した店もあった。突然、雲をつくような大男が私たちの前に現れて、すごんだ顔つきで鋭い視線を投げかけてきた。

ガードマンや警備員というよりも、用心棒といった方が似合いの風体であった。これもまたいかにもアメリカという出来事で、映画の中のワンシーンのようであった。

店の広さやイートインコーナーの充実ぶりは、最近のわが国でもアメリカに近づいてきている。だが威圧的なルックスの用心棒ともなると、半永久的に無理であろう。

スッピンのアメリカ点描

アメリカを訪れたのは、今回の視察ツアーで2回目である。ただし前回は、プライベートのハワイ旅行であった。アメリカ本土へは、今回が初めてである。

にもかかわらず懐かしい気がするから、不思議な心持ちである。高校生の時からアメリカ映画を、浴びるほど観てきたせいであろうか。

いわゆるデジャブ（既視感）が、懐かしさを呼び覚ますのだ。思えば私はスクリーンを通して、アメリカを頻繁に旅してきたというわけである。

アメリカ映画といえば、暴力シーンを思い浮かべる人も多いはず。スクリーン上の架空の物語だけではなく、実際にこの国にはそこかしこに危険がひそんでいる。

そこで自由行動の折にガイドが私たちに、以下のことを忠告した。所持金は万一にそなえて、二カ所にわけること。そしてもし暴漢におそわれたら、カンフー映画ばりの奇声を発すること。

私のデジャブ体験のごとく、映画の影響は洋の東西を問わず大きいものがある。カンフー映画のせいでアメリカ人には、アジア系は武術の達人が多いという、大いなる勘ちがいがあるそうだ。

それゆえにブルース・リーばりの怪鳥音を発して、相手がひるんだすきに、全速力で逃げろと言われた。

これはジョークでは決してない。真剣なアドバイスなのである。幸いなことに、ブルース・リーを演じる機会はなかったが。

ただしガイドのアドバイスは、日本人が海外を旅する上で、留意すべき真実がふくまれている。

海外ツアーの添乗業務をするようになって改めて思い知ったのは、日本は平和な国であるということだ。それも世界のスタンダードからすると、異常なほどに。

だからおしなべて、日本人は無防備である。そして西欧の人たちが現金を持ち歩かないのに対し、日本人はいまだに現金崇拝者が多数派だ。それで日本人ツーリストが、海外でトラブルにあう例が後をたたない。

トラブルは最近では、国内でも頻発するようになった。世界でも珍しい部類の平和な環境も、じょじょに幕を下ろしつつある時代を迎えている。

ガイドのアドバイスを胸に刻みながら、ニューヨークの街をぶらついた。さすがにアメリカを代表する大都市だけあって、行きかう人々のファッションの洗練されていること。ジョン・ブアマンという、イギリス出身の映画監督がいる。彼がハリウッドで撮った、『脱出』という映画がある。その作品には男性が男性をレイプするという、ショッキングなシーンが描かれていた。

ずいぶんと昔に観た映画である。しかしあまりにもインパクトが強すぎて、そのシーンをまざまざと覚えている。だから大通り以外は、歩かないことにした。

広い通りには、さまざまな人種が行きかっていた。さながら人種のパッチワークのごとき街である。その中に溶けこんで、私も闊歩《かっぽ》した。

やがて堂々たる店構えのユニクロが、目に飛びこんできた。知り合いに会ったような気分になり、つい中へと入ってみる。

広い店内には、多くのスタッフが立ち働いていた。やがてあることに気がついた。スタッフはほとんど、非白人なのである。

その後に寄ったスーパーやレストランでも、がいして同じであった。サービス業の現場では、ほとんど白人の姿を見かけることがなかった。

そんな経験を重ねたあとで、ホテルにチェックインする。その際に、ちょっとした悶着が起こった。

我々のツアーの一室が、ダブルブッキングされていたのだ。そのことでガイドと黒人系のフロントスタッフが、何やら話しあっていた。

やがて奥から、威風堂々とした白人男性が出てきた。そしてその責任者がガイドと、にこやかに話を始めた。

私の海外初添乗の仕事で、インドへ向かう飛行機において、お局風のチーフ客室乗務員が登場したシーンと、まさに同じ構図である。


食べ物でも、アメリカならではという体験をした。アメリカ人はナマの食べ物を、決してとらないとのこと（寿司は例外か）。

そのため目玉焼きは、両面をきっちりと焼く。実は私もナマが苦手で、両面焼き派だ。その点では私も、アメリカンスタイル大歓迎である。

その私が閉口したのが、これでもかというほどに焼き上げたベーコン。ホテルの朝食に出てきたベーコンは、ナマ嫌いの私さえ辟易するほど、カリカリであった。

アメリカ風の脂ギトギト料理に食傷した頃、スーパーのイートインコーナーで、ちらし寿司を食べた。

正確にはちらし寿司らしきものである。オープンカウンターで調理を担当しているのは、日本人の私から見ると明らかに日本人ではない、東南アジア系の男性であった。

エセ日本人の手によるちらし寿司は、まさに〝のようなもの〟であった。ところが脂っこいものにウンザリしていた私には、〝のようなもの〟がけっこうイケるのだ。

エセ日本人のつくるちらし寿司もどきを、日本人の私が旨《うま》いと感じるのも、キミョーな話である。脂にまみれた国を旅する、味覚のジョークとでもいうべきか。

冷や汗イタリアツアー①

海外ツアーの仕事では、インドとトルコで場数をふみ、ずいぶんと修行させてもらった。その私にイタリアの仕事が回ってきた。

当たり前のことであるが、海外では日本語が通じない。それで添乗員は、ツアー中に英語力が要求される。

とはいうもののアジア方面のツアーでは、日本語ペラペラのガイドが、現地で最初から最後までついていてくれる。

だからかりに英語を十分に話すことができなくても、何とかなってしまう。極端なことを言ってしまえば、添乗員は現地でガイドのサポートをしていればいいのだ。

ところがヨーロッパのツアーでは、そうはいかない。主要な観光地にしか、ガイドはつかないからだ。

たとえばイタリアでは、ローマやミラノ、フィレンツェ、ヴェネツィア（ベニス、ヴェニスは英語名）などを観光する時だけ、ガイドが観光案内をする。

そのガイドも現地在住の日本人のほかに、英語でガイディングするイタリア人もいるから、やっかいこの上ない。

英語ガイドの場合には、英語を日本語に通訳して、参加者に説明しなければならない。したがってその作業をこなす能力が、必要となる。

海外ツアーの添乗員は、英語のテストに合格して、資格を取得している。だから一定レベル以上の英語力は、有している。

ただしそれは、あくまでもペーパーテスト上のこと。実地に英語で会話をするとなると、話は別ものだ。

海外ツアーに出ている添乗員の皆が皆、英語を自由自在にあやつることができるわけではない。実は私も、そのクチなのだ。

英語の会話力にいまひとつ自信はないものの、立派に添乗業務をおこなっている添乗員は、それなりにいる。

そこでそういう三人の先輩に、参考のために英語ガイドと話をする際の、仕事ぶりをたずねてみた。三者三様、独自のスタイルを披露してくれた。

まず最初にきいた先輩は、あらかじめ日本で、自作の手の平サイズの観光案内メモ用紙、いわゆる虎の巻を用意しておくそうだ。

そして海外の現場ではガイドと添乗員が、ツアー集団の先頭を歩く。その際にガイドには小声で、添乗員に説明してもらう。後ろを歩く参加者たちが、聞き取ることができない程度にだ。

そうして添乗員は手の平にかくしたメモを見つつ、さも英語を翻訳したかのような振りをして、マイクで一行に説明するとのこと。

このやり方は、高度なテクニックに加えて、演技力を要する。それで自分には無理と、却下することにした。

次にたずねた先輩は、もっと大胆な方法をとっていた。ほとんどのガイドは教会の細かい説明など、キリスト教とは無縁の日本人には、どうでもいいことばかりを、くどくどと話す。

それでガイドには、いっさい説明をさせない。つまり観光案内をするガイドなど、いなかったことにしてしまうのだ。

そのかわりに事前にみっちりと勉強しておいて、参加者には自ら説明する。これはいろいろな意味において、ひじょうに度胸がいるし、問題も大ありだ。それでこれまたボツ。

三番めの先輩は、ガイドに「シンプル　イズ　ベスト」とたのんで、かんたんな英語でガイディングをしてもらっているそうだ。

そしてシンプル英語に、日本語の説明を大幅に加えて、参加者に話をしているとのこと。私はいちばん無難な、「シンプル　イズ　ベスト」でいくことにした。

今までの海外の仕事は、日本語ガイドが常にいてくれたので心強かった。けれども今回のイタリアは、そうはいかない。

英語ガイドとのやり取りをはじめとして、ドライバーとの打ち合わせ、ホテル、レストラン、土産物店、空港などでの仕事の会話は、すべて英語でするのだ。

仕事を引き受けたものの、不安が先立った。けれども思い返せば、国内での初めての添乗業務の時も、ドキドキしながらのスタートであった。

初めての仕事は、埼玉県の秩父へ行ったツアーであった。コチコチになって仕事をしていたから、参加者には初心者マークだということが、バレバレだったであろう。

口がカラカラになるほど、緊張のし通しであった。そのため細かいことは、覚えていない。大食いの私が食欲もなく、昼食をろくに食べることができなかったことだけは、記憶に残っている。それでもつつがなく、業務をまっとうすることができた。

誰でもどんな仕事でも、必ず最初の一歩というものはある。その一歩を踏み出し、不安を乗りこえて、成長していくのだ。もう、やるしかない。

自らをそう鼓舞した。そうして参加者には不安な様子をおくびにも出さないようにして、イタリアへ向かった。

冷や汗イタリアツアー②

実際にイタリアの土を踏んでみると英語は英語でも、想定していたのとは異なる問題が持ち上がった。

今回のツアーを担当するバスのドライバーが、英語を全然話すことができないのであった。

大半のイタリアのドライバーは、片言ながらも英語を話すことができる。しかし中にはまったくダメというドライバーも、いるとは聞いていた。運の悪いことにイタリア初仕事で、ババを引いてしまった。

英語のことでくよくよしていた私に、イタリア語などとうてい無理な話だ。だが目の前にさしせまった現実の問題として、イタリア語ドライバーと仕事を組まざるを得ないのである。それも一週間にもわたって。

結局、私のつたない英語、彼のあやつるイタリア語、そして身ぶり手ぶり、阿吽《あうん》の呼吸などで、綱わたりの会話をしていった。何とかしなければという必死の思いで、どうにか難局を乗りこえていった。

そうして第一の関門は、何とかクリアしたものの、さらなる強烈な第二の関門が立ちはだかってきた。

ドライバーは英語のみならず、肝心の道をよく知らないのであった。彼はごまかそうとしたけれども、たびたび道をまちがえていることが、次第に分かってきた。

あげくの果てにある晩、レストランへ行くのに迷ってしまい、何度もバスを停めた。そのたびに道行く人に道をたずねるという、プロのドライバーとしては見せてはいけない姿を、ツアーの一行の前で、さらけ出してしまった。

これまでにもそういった困った状態に、おちいってしまったことはある。日本ならば私も、それなりに助け舟を出すこともできる。

だがここは、道などまったくもって知らない外国。ましてや言葉の通じない添乗員とドライバーである。頼りないけれども、頼りないドライバーを、頼るほかなかった。

私は運転しているドライバーの隣に腰かけて、気をもむことしかできなかった。そんな私の耳に、「これ、さっき通った道じゃない?」「そうよ、そうよ。グルグルこの辺を回っているみたい」という、参加者の会話が聞こえてきた。

自分のミスではないながらも、私まで恥ずかしかった。何よりも夕食に遅れて、参加者のイライラ感がつのってゆくのを、肌で感じて気が気でなかった。

結局、予定より1時間も遅れて、レストランへ着いた。その1時間の、長かったことといったらなかった。

そのようなことのくり返しで、宿泊するホテルには連日にわたって、到着する時間がかなりズレこんでしまった。

とにもかくにもホテルへ着いてヤレヤレ、と言いたいところである。ところがそうは問屋が、おろしてはくれなかった。

三人部屋なのに、二人分のアメニティーグッズしか用意してない。部屋の灯りがつかない。お湯が出ない。ドアがこわれている。等々のクレームが押し寄せ、私は部屋から部屋へと駆けずり回った。

心配していた英語ガイドの件は、それなりに苦労したものの、どうにか乗りこえることができた。

しかしドライバーの迷子騒動や、ホテルの不手際など、大なり小なりのドタバタ劇が毎日必ずくり広げられ、私はヘロヘロになってしまった。

それでも大きなトラブルには至らず、どうにかこうにかイタリア最後の日を、迎えることができた。

不安の先立つ仕事ではあったが、その一方において愉しみにしていることもあった。私はイタリア映画に、多大な影響を受けていた。その国を訪れることに、ワクワクせずにはいられなかった。

中でもルキノ・ヴィスコンティ監督の『ベニスに死す』は感銘を受け、何回も観ている。何度観てもそのたびに、映像と音楽にシビれてしまう作品である。その舞台となったヴェネツィアには、大いなる期待を寄せていた。

ところが実際に来てみると、期待はずれもいいところであった。観光客がワサワサしていて（自分もそうであるが）、映画の耽美的な面影は、どこをどう探してもなかった。あれはヴィスコンティ監督が創作した、妖しくも美しい世界なのである。

原作はトーマス・マンで、作曲家のグスタフ・マーラーをモデルにした物語とのこと。その当時のヴェネツィアは、映画のような詩情あふれる水の都であったかもしれない。私が目にした現代のヴェネツィアは、大にぎわいの商売っ気たっぷりの観光島であった。

仕事の上でも個人的にも、そのようないろいろなことがあった初のイタリアツアーも、いよいよ終わりに近づいた。ローマから飛行機に乗り、とちゅう1回の乗り継ぎをへて、成田行きの便に乗りこんだ。ここまで来れば、もう安心である。

安らいだ心持ちでワインを呑みつつ、機内食をたいらげた。すぐにモーレツな眠気におそわれる。そうして意識が、遠のいていった。

どのくらい経ったのであろうか。ガチャガチャという騒がしい音で、目が覚めた。すると客室乗務員が、ふたたび機内食を配っているところであった。してみると6、7時間は、ぐっすりと眠っていたことになる。

陽気なラテン系の人たちには、十分すぎるほどに、人生修業をさせてもらった。愛すべきイタリアに、アモーレである。

「和食はヘルシーすぎて、トルコ人には無理」

世界三大料理といわれるのがフランス、中国、そしてトルコ。つまりその三国の料理は、世界の食通が折り紙をつけた絶品なのである。

たしかにトルコ料理は、ひじょうにおいしい。相性の良さもあって、私はトルコ料理が大好きである。

そのことをトルコ人ガイドに伝えたところ、日本人が食べているトルコ料理は、外国人向けにアレンジした、マイルドな味付けだという。

トルコの一般的な家庭料理は、もっと脂がギトギトしている。とてもではないが、日本人の口には合わないそうだ。同じようなことは、インドでも言われた。

おまけにトルコ人は、甘いものが好物ときている。そのせいであろうトルコでは、スリムな人をあまり見かけない。圧倒的多数が、ワガママな体形をしている。

ところでその男性ガイドは、数年前にハネムーンで日本を訪れたとのこと。来日中にスシやソバなどの和食を、堪能するほどに食した。

旅先の異国の味覚として、エキゾチックな体験をすることができて、とても満ち足りた思いをしたという。

日本食がヘルシーで、身体にやさしいことは十分に理解できる。それはそれとして、トルコ人は生まれた時から、脂ぎった料理に親しんでいる。

だから日本料理はおいしいのだけれども、同時にまたもの足りなさを感じてしまうそうだ。そして冒頭の言葉となった。

私にしてもトルコ料理をいくら好きだとはいっても、ひとたび日本に帰国してみれば、ヒヤヤッコに涙が出そうになってしまう。

第4章
悲喜こもごもの温泉地

花畑の白い輝き

団体ツアーが、宿泊施設に到着する。よほど遅くならない限り、ツアーの参加者はひとまず割りふられた部屋へ行って、休息タイムを取る。

休憩が30分もあれば、男性はたいてい風呂へ入る。そうしてしばしの休みをはさんで、夕食となる。添乗員にとって、それがけっこうやっかいな仕事なのだ。

団体ツアーの場合、大人数の食事となる。それで宿泊施設側としては、限られた人員で配膳業務を円滑におこなうため、時間差をつけてツアーごとに食事タイムを指定することが多い。まずその時間を、守らない人がいるのだ。

また施設が大型になると、たくさんの団体ツアーが同宿することがある。そうなると数組のツアーが、同じ時間に食事をすることになる。

もちろん添乗員は参加者に、食事会場の案内を事前にくどいほど説明しておく。それでも他のツアーの会場へまぎれこんでしまう、食事迷子という困った人も出てくる。

実際に私のツアーの参加者が、ちがうフロアの別の旅行会社の会場で、食事を始めてしまったことがあった。

途中でまちがいが分かり、改めて自分のツアーの会場へ移動。そして何くわぬ顔をして、また最初から食べ始めた。精神的にまことに、タフな人なのであろう。

途中まで食べてしまった食事は、施設側が無償で作りなおしてくれた。よくあることのようで、スタッフはさほど驚いてもいなかった。

そんなこんなでツアーの参加者全員が席へ着くまで、添乗員は気をぬくことができない。ようやく全員がそろって、とくに問題がなければ、その日の業務はひとまず終了という次第である。

明日の予定などを伝えて、ヤレヤレと会場をあとにする。ここから翌朝の集合時間までが、添乗員の骨休めの時間だ（参加者の病気などのアクシデントで、働くこともある）。

宿に温泉が湧いていれば、温泉好きとしてはとりあえずひと風呂浴びて、リフレッシュすることにしている。

温泉につかった後、軽く一杯というのが添乗員梅村の、つかの間の安らぎのひとときである。

その温泉をめぐる情景が、私の若い頃と現在では、ガラリと様変わりしてしまった。半世紀ほど前、温泉場で外国人を見かけることは、めったになかった。それが今ではアジア系を中心に、浴場は国際色も豊かになった。

時には湯煙の向こうは、外国人だらけ。飛びかう言葉は、外国語のみ。日本人なのが照れくさいような不思議な気分で、湯船につかることもある。

昔は口コミで、ゆるやかに評判が広まっていった。それが今ではＳＮＳ等で、またたく間に拡散してしまう。

大露天風呂を売り物にしている群馬県北部のとある温泉宿は、その現代的な情報ツールによって、異邦人パラダイスと化している。

国際色豊かなのは、泊まり客に限らない。宿泊施設のスタッフも、バラエティー豊かな国籍だ。島国で人の交流が少なかったわが国も、ようやく地球市民の一員になったというわけだ。

そしてもうひとつの大変化は、若者がふえたことである。

私が高校生の時に東映系で『温泉あんま芸者』という映画が封切られた。監督は「キング・オブ・カルト」の異名で、一部の熱狂的なファンの支持を集めている石井輝男。

その作品のタイトルではないが、当時の名だたる温泉地といえば、きわめて歓楽色の強い土地が思い浮かんだものである。

それどころかその頃、ラブホテルは温泉マークとも呼ばれていた。映画の中で遊び人風の男が、「昨日、S子と温泉マークにしけこんだぜ」というセリフを、よく耳にしたものである。

だから若かりし頃の純朴な（?）私には温泉というと、わけありの男女がいかがわしいことをするシーンと結びついて、淫靡《いんび》なイメージがつきまとったものである。

それが時代は流れ流れて、変われば変わるもの、温泉地は健全な場所となった。とはいっても昔の名残は、そこかしこに散見されるが。

そうして主役はスケベーから、女性にとって代わった。そういう清らか路線にのって、若者も温泉を満喫するようになっている。

若い人が増えて、脱衣所の光景も一変した。現在の若者が身につけている下着は、昭和も20年代生まれの私からすれば、女性のそれと見まちがうほどである。カラフルかつ、チャーミングなのだ。

ジャニーズ系の美青年がピンクの下着姿で、風呂あがりのジュースを飲んでいるところに出くわしたことがある。

かわいらしいヘアースタイルに、そそるような下着一枚の姿。私の意志とは関係なく、男性自身がビミョーな反応を示すではないか。私には、そちらの趣味はない。けれども下半身が、勝手な行動をしてしまうのだ。

もっともカラフル下着は、若者の専売特許というわけでもない。中高年や年配者まで、色とりどりである。

中にはくずれた身体のラインとミスマッチな、刺激的なのをはいているオジンもいたりする。もちろん男性自身は、ピクリともしない。

そういう花畑のような脱衣場で、相当に年配の人の白い下着姿を見かけたことがあった。それもオシャレとは無縁の、昭和の時代から抜け出してきたような、古くさいパンツ姿である。まわりがまわりだけに、クラシックな純白がやけに目にしみた。

実は何をかくそう私も、その手のパンツの愛好家なのである。えてして自分のことは、自分では分からない。自分の下着姿も、そうである。

パンツ老人のおかげで今の時代は逆に、変哲もない白い下着が、稀少な存在であることを思い知った。色とりどりの中にあって、白色が異彩を放つというのも、倒錯めいた話ではあるが。

もっとも白パンツ姿も、時間の問題かもしれない。下着は女房が買ってくる。女房殿曰《いわ》く、近頃では入手するのに、手間がかかるとのこと。

危険なテカテカ顔

長野から北海道を訪れる同じコースのツアーに、連続して4回も添乗業務をしたことがある。

ちがうのは、出発地だけである。長野、松本、飯田と、長野県内の方々の主要都市から、ツアーのバスが出た。

1回目のツアーは、長野を出発してその周辺の各地で集客をしてから、バスで羽田空港まで移動した。

羽田からとかち帯広空港へ飛び、バスガイドと合流。以降は現地のバスで、摩周《ましゅう》湖《こ》や網走《あばしり》監獄などを観光しながら、秋の道東を周遊した。

初日はアイヌの里の阿寒《あかん》湖《こ》温泉に旅宿。そして2日目は温根湯《おんねゆ》温泉、3日目は十勝《とかち》幕別《まくべつ》温泉へ宿泊した。

北の大地は温泉の宝庫で、3泊ともに源泉かけ流しの温泉宿であった。参加者は観光はもちろんのこと、出湯《いでゆ》もとことん堪能したはずである。

4日目はとかち帯広空港から羽田空港、さらには出発地の長野へと再びの大移動。長野市へ帰着したのが22時。その夜は駅近くのビジネスホテルで寝た。

翌朝、ファミリーレストランで朝食をとりがてら、ツアーの報告書や精算書を仕上げる。そうして旅行会社へ赴いた。

会社では今回のツアーの報告や、渡された添乗金の残金を返すなど、精算業務をすませた。続いて次のツアーの準備にとりかかった。

といっても前回とまったく同じツアーなので、実質的には参加者の名簿などの書類を受け取るだけだ。そうしてすぐに会社を後にした。

というのも明日は飯田の出発で、これから前泊移動をしなければならないのだ。長野は南北に長い県である。長野市は県北に、飯田市は県南に位置している。

二つの都市は高速バスを利用して、およそ3時間もかかってしまう。こういう仕事の場合、ツアーとツアーの谷間の日も、ハードな旅となる。

というような三泊四日のツアーに、間髪を入れずに4回ついた。ツアーとツアーの合間にも精算、準備、前泊移動をするので、合計で20日間もぶっ続けで仕事をしたことになる。

ところで上でも述べたが、今回のツアーはいずれも温泉宿である。温泉に目のない私にとって、余得のある仕事であった。

特に3泊目は北海道に多いモール泉という、きわめて珍しい植物性の温泉である。肌にやさしいぬめり感のある湯は、好き者にとってはこたえられない。

さらに3つの宿とも、サウナも付いていた。私はサウナ党でもある。連夜にわたって温泉とサウナの二本立てで、気持ちよく汗を流した。

そのおかげで長期の仕事にもかかわらず、ハードな業務の疲れは、その日のうちにきれいさっぱり流し去ることができた。

と思っていたが、それは大いなる錯覚であった。最後の最後になって、調子に乗って役得を謳歌《おうか》し過ぎた報いが、現れることとなる。


4回目のツアーの最終日の朝、5時に目を覚ます。すると全身が、異常にだるかった。恒例の朝風呂へ入る気にもなれず、そのまま布団にジッとしていた。そのうちまた寝入ってしまった。

ふたたび目を覚ますと、7時であった。ツアーの出発は8時である。かったるいなどと、もう言っていられない。

ナマリのように重たい身体を、無理矢理に起こした。そして洗面や身支度を手早くすませて、部屋を後にした。

やっとの思いでフロントへたどり着き、チェックアウトをする。ロビーで新聞を読んでいる参加者がいた。気合の笑顔でけだるさを包み隠して、あいさつをした。最悪の体調で、業務スタートである。

温泉は身体にいい。けれども入り方をあやまると、危険でもある。実際に共同浴場で2回、入浴中の人が救急車で運ばれる騒ぎを、目《ま》の当たりにしている。

冷静に考えてみれば、その日までツアー中は朝夕の2回も入浴している。のべで言えば、15日間も温泉浴をしていたことになる。

過ぎたるはなお及ばざるがごとしを、自ら温泉で実践してしまった。その結果いわゆる湯あたりを招き寄せ、尋常ではない倦怠感に襲われたということだ。

湯あたりで仕事ができなくなりましたとは、口が裂けても言うことはできない。その日は心身にムチ打って、気力だけでどうにか仕事をこなした。

最終地点の長野県松本で、業務が終了したのが23時。身から出たサビとはいえ、つら過ぎて長過ぎた一日であった。

けだるさのピークは越えたものの、翌日にも後遺症は残っていた。湯あたりの余韻を引きずりながら、旅行会社で精算業務をおこなった。

「ずいぶんと肌の色艶がいいじゃないですか」と、担当者に揶揄《やゆ》された。本当は危険と隣り合わせのテカテカ顔である。もちろんのこと、それはヒミツである。

幻想ほのぼの湯煙

旅行会社が主催する団体ツアーのよい点は、とにかく値段が安いこと。おトクにいろいろな場所へ行くことができるのだから、自分で旅行に出かけるのはどうもという人には、向いている。

だが「〝ミステリーツアー〟のミステリー」で述べた通り、「旅行会社の企画というのは、どこも似たり寄ったり」というのも、また事実である。

実際に国内、海外のツアーのいずれも、大半の旅行会社が売り出している商品は、中身がひじょうに似かよっている。違うのは価格くらいで、各社はそれでシノギをけずっている。

だから何度も何度もツアーに参加しているうちに、画一的な内容が鼻につくという人も出てくる。そういう不満の声にこたえて、最近ではツアー中に、自由時間を増やす傾向になりつつある。

たとえば朝市で有名な温泉地へ、投宿した折のこと。宿へは午後4時に到着、出発は翌朝の10時であった。

着いた日には温泉街で散策や買い物を、心ゆくまで過ごすことができる。翌朝も希望する人は、朝市へと出かけてゆく。

一方で年を取って、あるいは身体が不自由で、外出がおっくうという人もいる。そういう人たちは宿でのんびりして、温泉三昧《ざんまい》のくつろぎタイムを送ればよい。

そういう具合に団体で出かけて、個人個人で思い思いの時を過ごすというのが、成熟した団体ツアー市場のひとつの流れとなっている。

そのようなツアーでは、添乗員も自由になる時間が多くなる。大きな温泉地に泊まった時など、私は共同浴場へよく足を運ぶことにしている。

共同浴場は大別して、二つのタイプに分類される。一つは古くから湯煙をたなびかせている、温泉地発祥の共同湯である。

今でこそ温泉場のほとんどの旅館に、浴室があるのが当たり前となっている。しかしその昔は浴室などなく、泊まり客は共同湯に入るというのが、むしろ普通であったという。

人間の欲望は、どんどんエスカレートしてゆく。現在では高級旅館のグレードの高い部屋ともなると、露天風呂を備えていることも珍しいことでもない。

昔ながらの共同浴場は、湯船は3人から5人も入ればいっぱいという広さ。洗い場、脱衣場もせせこましい。いたってシンプルな作りである。

ただしほとんどが湯口から源泉が流れこむ、いわゆる源泉かけ流しである。温泉を知れば知るほど、好きになればなるほど、この質素な湯殿が恋しくなる。

もう一つのタイプは浴槽が広く、かつ露天風呂やサウナが併設されている。大部分は市町村の公営で、浴後の休憩室も完備しているのが一般的だ。

こちらの共同浴場は昔ながらのにくらべると、温泉を循環させるなどして、温泉の質そのものはぐっと落ちる。それでも露天風呂やサウナのせいで、幅広い人たちが利用している。

いずれのタイプにしても、テレビの旅番組で共同浴場にやって来たタレントと、地元の人たちとの交流場面をよく見かける。たいていは湯煙ごしに、ほのぼのとした会話が交わされている。

登場する人物はいずれも、こぼれんばかりの笑みをたたえている。皆が皆、心優しく、親切な人ばかり。人情よし、温泉よしとばかりに、この世のパラダイスのごとく紹介されている。

そういう情景のすべてを、否定はしない。そういう一面も、たしかにないではない。けれども共同浴湯によくつかる私には、それはテレビ用に演出された幻想であると、断言することができる。

話はふたたび、質素な湯殿へともどる。源泉かけ流しゆえに、いくら源泉の温度が高くても、水でうすめたりはしない。45度以上の温泉ともなると、慣れた人でないと入るのはむずかしい。

入っているのは圧倒的に地元の人たち。そして温泉マニアたち。時折、観光客風の人がぶらりと現れて、湯につかろうとする。だが「熱い、熱い」を連発して、退散というのがオチだ。

中には親切な人がいて、「熱い、熱い」と騒ぐ人に、高温の湯の入り方を教えてあげたりする。すなわち頭をはじめ身体全体に、たっぷりとかけ湯をするのだ。

そうすると湯船に入るに入れなかった人が、どうにか入湯できるようになる。そして湯浴み法を手ほどきしてくれた人と、ニコニコと言葉をかわす。ここまではテレビとほぼ同じ、心あたたまる情景である。

だがリアル温泉現場は、そういうほのぼのレベルだけではすまない。教え魔ともいうべき人がいて、入浴方法を細かいことまでレクチャーするのだ。

この手の人の恐ろしいところは、自分のしていることが、100パーセント正しいと思いこんでいることである。教わる側は逆らうことのできない雰囲気になって、たのみもしない教えを乞うことになってしまう。

その亜流として、いかにこの温泉が優れているかを述べる自慢魔、温泉の知識をあれこれとしゃべるウンチク魔などもいる。

またやたらと話し好きな人がいて、ターゲットを虎視《こし》眈々《たんたん》と待ちかまえている。こういう人につかまってしまったら、長湯を覚悟せざるを得ない。

しかも共同浴場の常連は、耳の遠い高齢者が多いときている。そういう人はがいして、声がばかデカい。そうなるとせまい浴室に、声がガンガン響きわたる。

被害は直接に話を聞いている人だけにとどまらない。湯浴みをしている全員が、間接的に運命共同体となってしまうのだ。

教え魔系も話し好きも、善意の延長線上の人なのであろう。けれども、善意は悪意よりも恐ろしいということも往々にしてある。

もうひとつのタイプの共同浴場にしても、露天風呂やサウナで同じような光景を見かける。特にサウナは熱と汗が立ちこめる密閉空間で、迷惑度がレベルアップする。

その他にも意地の悪い人がいたりするなど、テレビのほのぼの湯煙シーンと似て非なる世界を、目の当たりにできること請け合いだ。

いつも心に前垂れを

若い頃は自分から進んで、酒を呑むことはなかった。酒呑みは、バカだぐらいに思っていた。

ところがままならぬ人生に、中年にさしかかる頃から、酒の味を覚えてしまった。そうしていつしかバカな連中の、立派な一員となってしまった。

現在はほぼ毎日、晩酌している（添乗員として、仕事をしている時もだ）。ただし呑む量はそれほど多くないと、自分では思っている。焼酎《しょうちゅう》のお湯わりが好きで、家にいる時は一升ビンを一週間ほどのペースで空にしている。

酒は呑み方をまちがえると、「ノーショウ添乗員」のごとき、あってはならない失敗談のようなことになってしまう。

幸い私は知り合いの呑兵衛《のんべえ》に言わせると、いい酒だねエということらしい。いいか悪いかは分からないものの、毎晩いい心持ちになって、床についている。

呑み始めた頃は、ディスカウント酒店に出向いて購入していた。しかし今では、オンライン注文だ。そうすれば宅配業者が重たいビンを、自宅まで届けてくれる。

宅配といえば私の子供の頃は、御用聞きが得意先の注文を聞いて回っていたものである。前垂れをさげた御用聞きの姿は、さすがに見かけなくなった。万事につけてのんびりしていた時代の、懐かしき光景である。

オンライン注文ならば、店舗も御用聞きも不要である。そうなれば経費を抑えることができ、販売価格を下げることができる。好むと好まざるとにかかわらず、デジタル化は時代の流れというものだ。

ことはアルコールに限らない。食料品、衣類、本など生活に関わるほとんどの物が、ネットを媒介として家庭に一直線である。しかも間もなくその過程を、ドローンやロボットが担うことになるであろう。

要するに事業を取りまく環境が、目まぐるしく変化しているのだ。そのため従来のように、店舗や事務所を構えて人を雇って事業を営むのが、むずかしい時代になってきている。

旅行商品も、その例外ではない。オンライン販売の売り上げは、右肩上がりである。その反動として旅行会社の支店や営業所が、街からどんどん姿を消している。

店舗を訪れた人に、スタッフが旅行商品を説明するなどして接客する対面販売は、今は昔の物語となりつつある。

ところが次のような話を、旅行会社の社員から聞いたことがある。今でも店舗にぶらりと現れては、「どこか面白いところはないかい?」という尋ね方をする人が、まれにいるそうである。

旅行は目で見たり、手に取ったりすることのできない、体験型の商品である。そのため旅先の向き不向きを、自分で判断することができない人がいても、あながち不思議なことではあるまい。


たしかに世の中には、いろいろな人がいるものだ。添乗員として数多くのツアーの参加者と接していると、つくづくそのことを実感する。

あるツアーで、山形県の銀山《ぎんざん》温泉へ立ち寄る行程が組みこまれていた。銀山温泉は銀山川の両側に、大正時代そのままの木造三層の旅館が立ち並んでいて、温泉街が形づくられている。

そういうレトロムード満点の湯の町を、散策してもらう行程であった。ところが道がせまくて、大型バスが温泉街まで行くことはできない。それではるか手前の広い道路で、バスは停車することになった。

そこから歩いて10分ほどの道のりを、参加者を連れて私が案内した。温泉街の入り口まで来たところで、団体は解散。あとは自由行動である。全員の再集合は、バスを降りた所とした。

その際に参加者のひとりが、「ここからバスに乗る所まで、歩いてどのくらいかしら?」と、私に訊いてきた。思わず目が点になってしまった。

たった今、他ならぬ自分の足で歩いてきた道を、引き返すだけである。それに私は全員に、「10分ほど歩きますよ」と伝えてから歩き始めている。

質問をした高齢の女性とて、分かっていることであろう。それでも私の口から改めて聞いて、確認したかったのであろう。それとも私とただ、言葉のキャッチボールを交わしたかったのか。あるいは本当にどれくらい歩くのか、見当がつかないのか……。

気を取り直して私は、「そうですね、だいたい10分といったところですか」と、笑顔を作って返した。

社会はますます、高度情報化してきている。その一方において情報にうとい人、情報以前という人も少なからずいる。ましてや高齢化は急ピッチで加速して、情報格差は広がるばかりだ。

　ツアーの参加者は、人生のベテランが中心である。もちろん高齢者と一口に言っても、さまざまな人がいる。だが多くは情報の弱者、もしくは無頓着な人たちなのである。

　添乗員はそういう人たちを相手に、仕事をしている。前垂れこそつけないものの、御用聞きの心を持たなければ、務まらない仕事である。

「奥さん、ホッとしているんじゃないの」

静岡県が出発地で、三泊四日の九州ツアーに、連続して5回もついたことがあった。ツアーだけでも、のべ20日間の仕事である。ツアーとツアーの間は準備と精算で、1日か2日はあく。

ただし自宅から遠く離れているので、その合間の日は家に帰らず、ビジネスホテル暮らしとなる。つまり一カ月ほど、自宅を離れることになるわけだ。

そのことを知り合いのドライバーに伝えたところ、かけられた言葉である。変なことを言うなと思った。けれども続く話を聞いて、思わずニンマリしてしまった。

そのドライバーが最近よくする仕事は、来日した外国人のツアーだという。成田空港で一行を迎えて、たいてい関西まで一週間ほどの旅程となる。

そういう仕事が、連続することもある。そうなるとやはり、当分は自宅に帰ることができなくなってしまう。

奥さんはきっとそこはかとなくウキウキした態度で、長期にわたって家をあける夫を、送り出すのであろう。

リタイアした後の夫というのは、妻にしてみればうっとうしい存在らしい。何をするでもなく、ただ家でゴロゴロ。何かたのもうにも、家事能力は限りなくゼロに近い。気晴らしに出かけようとすると、ワシもと言ってついて来る。ついて来られた妻は、もうウンザリ。

そういうこともあってか夫の定年退職を機に、離婚をしてしまう夫婦は、けっこう少なくないそうである。

俗諺《ぞくげん》に「亭主は達者でルスがよい」と、言うではないか。ホッとされるのも、夫婦円満の妙薬であろう。

第5章
ほろり道中

一生モノの修学旅行

私は目的もなく、ブラブラと歩くのが好きだ。もうかれこれ二十年前の秋晴れの日のこと。東京の谷中界隈を散策し、上野公園へとたどり着いた。

すると噴水広場で、制服姿の10人ほどの中学生が、地べたに正座しているところに出くわした。彼らは教師に大声で、しかられているところであった。

叱責現場のすぐそばには、やはり制服に身をつつんだ集団が、ずらりと整列していた。どうやら修学旅行生のようである。

顔を真っ赤にしている先生の怒鳴り声を聞いていると、地べたにすわっている生徒たちは、集合時間に遅れてしまったようである。

アスファルトにじかに正座しているので、生徒たちは苦痛に顔をゆがめていた。と同時に同級生たちをはじめ、衆人環視のもとでしかられるという屈辱感が、色濃くにじみ出ていた。中には泣きそうな顔をしている生徒もいた。

ふと自分の小学校の修学旅行の思い出が、よみがえってきた。旅先は栃木県の日光であった。しかしどこをどう見学したのかは、忘却の彼方である。

かろうじて覚えているのは、東照宮へ行ったことくらい。それとて何を見たということは覚えていなくて、ただ行ったということをうろ覚えしているだけだ。なにせ半世紀以上も前のことである。

ただしはっきりと記憶に残っていることがある。旅館での就寝時間中のこと。生徒たちはいったん、おとなしく寝床に入った。けれどもそのうちに、マクラ投げ大会となってしまった。

投げ合いに興じていたところへ、襖《ふすま》をガバッと開けて、先生が飛びこんできた。エキサイトシーンは突如として、中断とあいなった。

私たちは罰として、その場でしばらく立たされた。やがて許しを得て、ふたたび布団の中へ。けれども神妙にしていたのも、ほんの少しの間のことであった。

なにせ同級生がそろって枕を並べて寝る機会など、そうそうあることではない。みんな神経がたかぶって、眠るどころではなかったのだ。

さすがにエキサイトシーンの再現こそなかったものの、私たちはヒソヒソ話をして、そのうち朝を迎えてしまった。

それでも翌日はケロッとして、旅行を続けた。家にもどったのは、暮れ方であった。ほとんど寝ていなかったので、夕飯もそこそこにすぐに寝入った。

目が覚めると、薄暗かった。てっきり朝かと思いきや、夕方であった。ほぼ丸一日、ひたすら眠りをむさぼっていたことになる。


上野の噴水広場での遭遇の一件から数年後、少しばかり風変わりな修学旅行の添乗業務についた。

それは東北から東京へ来た中学校の修学旅行であった。200人ほどの一団は、東京駅で新幹線から降りると、ただちに東京タワーへと向かった。

東京タワーは、修学旅行の定番コースである。しかし今回ばかりは、異例の東京タワー体験であった。

というのも展望台まで、歩いてのぼるというのだ。生徒たち全員を前にして、先生が鼓舞した。

「いいか、お前たち。エレベーターで展望台へのぼったら、アッという間で楽なもんだ。だけどそれじゃあ、何も記憶に残らないぞ。自分の足で、歩いてのぼるんだ。いい思い出になるぞ」

これが敬老会のツアーだったら、幹事は吊るし上げを食うであろう。そこは十代半ばの、生気に満ちた年頃。ノリノリで階段へと向かって行った。

中でも運動部でバリバリに鍛えている連中は、駆け上がらんばかりの勢いであった。大半の生徒たちも軽やかな足取りで、ワイワイガヤガヤとのぼって行った。

だが全員が全員、勇み立っていたというわけではない。少数ながらも、ネガティブな感じの生徒たちもいた。

私は集団のシンガリにつくよう、仰せつかった。のぼり始めてしばらくすると、ゆっくりペースの10人ほどのグループができた。私は彼らと、行動をともにした。

私はその時、五十代半ばであった。生徒たちから見れば、ロートルもいいところである。けれども身体を動かすのが好きなせいで、スロー組よりもむしろ身軽であった。

目的地の第1展望台は、地上150メートル。階段数では600段を数える。東京タワーのシンボルカラーのオレンジレッドの階段を一歩ずつ踏みしめてのぼるのは、たしかにエレベーター利用とは別世界であった。

エレベーターならば数十秒。それをあえて階段を使うと、およそ13分もかかってしまう。

私は最終組の生徒たちに、もう3分の1だ、半分を過ぎたと、励ましの声をかけた。

そのうちにスローグループの中でも、バラツキが出始めた。ひとりの男子生徒が、一段とスローペースになっていった。彼は息が上がって、いかにも苦しそうであった。

それでもどうにかこうにか、4分の3地点を通過した。しかしそこからが本当の意味での苦難の階《きざはし》であった。ラストの生徒は色白の顔を赤く染め、ハーハーとますます息が荒くなった。晩秋だというのに、汗がしたたり落ちていた。

そして少しのぼっては休み、少しのぼっては休みと、休む回数がめっきり増えた。と同時に一歩一歩の足取りも、ますますもって重くなっていた。

はたで見ていても、もう限界であった。それでも彼はあともう少しということで、頑張り通した。そうしてついに、ゴールへ到達した。待っていた生徒、教職員の全員が、息もたえだえの生徒を、盛大な拍手で迎えた。

東京タワーでは階段でのぼった人に、「昇り階段認定証」をプレゼントしてくれる。生徒たちにとっては、何よりの私産《みやげ》となるはずだ。特に悪戦苦闘した生徒は。

ところで政治家や官僚が、自らに関する不祥事についての国会答弁で、判で押したように発するコメントがある。「記憶にございません」だ。

私は派遣業務で東京タワーの展望台へ、数えきれないくらいのぼっている。だがそれらの記憶となると、国会答弁の鉄板《てっぱん》コメントと同じである。

しかるに今回に限っては、例外中の例外だ。何しろ展望台へのお徒歩《かち》体験など、後にも先にもこの時だけのことである。一歩一歩を踏みしめてのぼった600段は、身体に刻み込まれている。

熱血先生の思い出づくり作戦は、〝お見事〟と言うほかない。

桜をめぐる旅

各旅行会社が主催する団体ツアーは、バラエティーに富んだ商品が、年間を通して販売されている。中でも花見のツアーは、看板役者とでもいうべき大きな存在である。とにかく桜がからんだツアーとなると、申込者が殺到する。旅行会社にとっては、書き入れ時である。

それは添乗員とて同じこと。ツアーに出て初めて日銭をかせぐことができる我々にとって、桜の開花はうれしい悲鳴のあがる時節である。

ところが花見ツアーというのは、ユーウツな一面もある。というのも見頃に行き当たる確率は、むしろ少ないからだ。

満開とはいかないまでも、せめて三、四分は咲いていてもらわないと、添乗員としてもツアーの参加者の前でカッコがつかない。

けれども桜は人間界の事情など、いっさい考えてはくれない。実際にツアーに3、4回出て、当たりは1回といったところである。

もちろん旅行会社の担当者は、開花情報などを参考にして、見頃と重なるようにツアーの日程を組む。

それでもチラシなどでツアーの募集をしてから、実際にツアーに出かけるまで、一カ月から二カ月ほどのタイムラグがある。そのため実際のツアーでは、外れてしまう方が多いのだ。

ツアーの参加者は、期待に胸をふくらませて申しこんでいる。中にはわざわざ会社を休んで、その日に備えている人もいる。したがって主役不在のツアーとなった時に、思い切りガッカリする人もいて、添乗員としても気が重い。

逆に大当たりのツアーとなると、それはそれでまた困った問題が持ち上がってくる。桜の観賞というのは、国民的な一大イベントである。

したがって満開時の名だたる花見スポットともなれば、一時《いちどき》にたくさんの人が集まることになる。当然、名所としてのランクが上がれば上がるほど、混雑度も比例する。

そうなると周辺道路は大渋滞。駐車場はいっぱいで空き待ち。トイレは気の遠くなるような長い人の列。人ごみで迷子になりやすいなど、トラブルのオンパレードとなってしまう。

結局のところ添乗員にとって花見ツアーというのは、うれしい悲鳴をあげる一方において、桜が咲いていてもいなくても気が重くなる、難儀な仕事なのである。

ツアーの参加者によく、「添乗員さんはいろいろな所で、花見をしてきたんでしょう。一番よかったのは、どこの桜だったの?」と訊かれる。

たしかに私は、たくさんの桜とめぐりあってきた。けれどもあわただしい仕事の最中《さなか》ゆえに、目にはすれども心には映えずというのが、正直なところである。

だからそう尋ねられると、その時の気分や相手次第で、適当に返事をしていた。それが今ならば、はっきりと答えることができる。

令和2年の春は、新型コロナウイルスの感染流行で、ツアーは全滅状態となってしまった。いつもならばうれしい悲鳴をあげるところが、正真正銘の悲鳴となってしまった。

家からほど近くに、利根川が流れている。川に沿って遊歩道が整備されている。赤城山を望む小径《こみち》は、川音と鳥のさえずりがハーモニーを奏でる、お気に入りの散歩コースである。

例年ならば仕事にかまけて、春爛漫《らんまん》の散策路を逍遥《しょうよう》することなど、あり得ないことである。ところが疫病禍によって、私は金持ちならぬ時間持ちとなった。

　そこで近場の未知の春を、とことん探訪してみることにした。前橋に転居して、３年目のことである。

　川沿いの散歩コースに入って、すぐに林となる。道の両端には、ムラサキの花々が群生していた。春の草の匂いを胸いっぱいに吸いながら、木々におおわれた細道をたどってゆく。樹上ではウグイスの艶やかな声が、響きわたっていた。

　林をぬけると、２００メートルほど桜並木が続いている。桜はまだツボミであった。その日以降、私は毎日のように通っては、開花の状況をつぶさに観察した。

　毎日が発見であった。ツボミは日ごとにふくらみ、色づいていった。やがてツボミがほころび出し、チラホラと花が咲き始めていった。

　少しずつ花の量がふえてゆく。やがて枝という枝が、花々で彩られるようになった。そうしてついに、ピークを迎える。一週間ほど並木道はピンク一色に揺れ、爛熟の極みを謳《おう》歌《か》していた。

　そんなある日、突如として絶唱の時を迎える。枝々からおびただしい花びらが、散り始めたのである。道はハラハラと舞い散る、桜の精のトンネルのようであった。

狂おしいほどに華麗な花の吹雪。それでいてひっそりと哀しい、別れの宴であった。私は桜花のシャワーを浴びて、しばしうっとりしていた。

コロナ禍は戦後最大の危機とも、百年に一度の危機とも言われた。その渦中だというのに、私は桜の花に酔いしれていたのである。

多数の自己啓発書を著している佐藤富雄は、『人生100年時代の「生き方健康学」』（産業能率大学出版部）という本を出版している。

その中で「人が最初に手に入れなければならない資産は『楽天的にものを考える習慣』だ」と、心の健康のあり方を説いている。

幸いなことに私は、その「資産」にだけは恵まれているようである。

ツアーの後で① 酒がしみる

自宅から遠い地がツアーの出発地点の添乗業務は、移動時間の長さを考えると、金銭的には割にあわない。ゆえにそのような地方発着の仕事を、大半の添乗員はいやがる。

しかし私は、その手の仕事は大歓迎だ。たしかに長い移動時間ゆえに、損得だけを考えるならば、効率のよい仕事とは言えないであろう。

だが見方を変えれば、出発地までの往復は自由に、タダで旅行ができるのである。単純に旅が好きな人間にとっては、悪くもない話だ。

それに仕事のスケジュールに余裕があれば、添乗業務の前後に個人的な旅をすることもできる。実際に私は、よくそうしている。

山梨県の河口湖は、かつては富士五湖の中で観光客の入れ込み数において、山中湖の後《こう》塵《じん》を拝していた。しかし現在では、観光地としてのランクは逆転している。

また富士山を望むビュースポットとして、近年では外国人ツーリストが激増している。

そのため湖畔には、外国人専用のホテルが建っている。

その有名観光地から、東京を訪れるツアーの仕事についたことがある。朝陽を浴びた観光バスに乗り、中央高速道路を東京へとひた走る。

都内に着くと、まずは東京スカイツリーを見学。そしてホテルでランチバイキングの後、『男はつらいよ』の舞台となった柴又を散策した。

花のお江戸の観光を終えて、暮れ方に湖にもどる。次の添乗業務がひかえているので家へ帰るため、すぐに高速バスに飛び乗った。東京へトンボ返りである。朝とまったく同じルートを、バスは走っている。

1日に3回もバスの車窓から、同じ景色を眺めることになった。まったくの同じ風景である。それでいて眺めが、別物なのだ。

山並みの稜線やポッカリと浮かぶ雲が、しみじみとした風趣をただよわせている。だいいち稜線の彼方に、闊達《かったつ》な空が広がっているパノラマめいた展望など、これまで気づきもしなかった。

ぼんやりとシートに身を沈めて、旅愁にひたった。添乗業務にはげんでいる時に、旅情を感じることはまずない。仕事の時には無色だった風景が、今こうしてのんびり目を遊ばせていると、色がついたような心持ちなのである。

暮れなずむ遥かなる甲斐の遠景を見やりながら、武田節を口ずさみつつ酒を呑む。格別な味であった。

偕楽園《かいらくえん》の梅で名高い茨城県の水戸を出発して、山形県の蔵王《ざおう》温泉へ泊まる仕事についた折のこと。

水戸へは仕事の前日に、前泊移動した。午前中には水戸駅へ着いて、千波湖《せんばこ》をはじめ市内各所を歩いて回った。

実は私は旅先で、図書館によく寄ることにしている。そこで地方新聞を読むという、シブい趣味を持っている。旅は実際に出かけても、新聞や本などの活字でしても面白いものだ。

市内中心部に立つ県立図書館は、施設が立派だった。雑誌の閲覧《えつらん》コーナーも充実していて、昼下がりのひとときを、有意義に過ごすことができた。

翌朝、ツアーに出発。季節は晩春であった。だが標高の高い蔵王はまだ冬の最中《さなか》で、銀世界に閉ざされていた。

夕刻に宿へ着いた。参加者の夕食の世話などの業務を終えた私は、その足で宿から温泉街へとくり出した。

蔵王温泉街には、いくつかの共同浴場がある。そのうちの一つは、湯船の底の簀《す》の子《こ》から湯が湧き出てくる、究極のナマ温泉である。好き者にはたまらない浴場で、蔵王へ来るたびに必ず寄るようにしている。

そのようなプチ法悦もあって、私としてはまずまずの仕事であった。そして次の日の夜も更けて、出発地にもどってきた。

水戸から当時住んでいた千葉県の柏《かしわ》へは、乗り換えなしにJR常磐《じょうばん》線一本で、1時間半ほど乗車する。酒をチビチビとやるには、ちょうど良い時間だ。

コンビニで買い物をすませ、準備万端ととのえて在来線に乗りこんだ。ところが車内はビミョーな混み具合で、ボックス席にポツリポツリと先客がいた。

彼らは一様に隣や前の座席に、荷物を置いていた。私が近づいても、誰もどけようとしない。それどころかさも迷惑そうに、近づくなオーラを発する者さえいた。

ようやくボックス席の窓際に、向かい合わせに腰かけている女性たちに行きあった。しかも隣の席に、荷物は置いてなかった。

「ここ、いいですか？」と声をかけた。するとひとりが、「どうぞ、どうぞ」と言ってくれた。ようやくのこと座席を確保できた。だが用意のしてある酒を、呑めるような雰囲気ではなかった。

私が学生の頃の在来線といったら、ヨッパライ天国とまでは言わないまでも、酒を呑んでいる人は普通にいた。スルメを肴《さかな》にしているノンベエの臭いが、若かりし頃の私にはうとましかった。

おまけにエロ雑誌やスポーツ新聞のヌード写真を、ガバッと広げている輩《やから》もいたりして、現在とくらべると相当な無法地帯であった。

それでは現在はというとスマートフォン全盛で、大半の人が小型の機器とにらめっこしている。エロ雑誌はおろか新聞を読む姿も、めったに見かけない。

そういう時の流れは、ヨッパライ界も連動している。皮肉なことに自分が酒呑みとなった今、車内で同類の姿をほとんど見ない。

それでもボックス席にひとりなら、許されるだろう。しかし今は、隣に人がいる。しかも女性だ。しかもしかも後から来て、すわらせてもらったのだ。恩をアダで返すようなことはできない。

そうはいっても仕事の後の解放感もあって、咽《のど》がうずいて仕方ない。少しためらったが、思い切って「酒を呑んでも、いいでしょうか?」とたずねてみた。

するとまた先程の女性が、またしても「どうぞ、どうぞ」と言ってくれた。今回は心なしか、ニッコリしているようであった。私は勇んで、コップ酒のフタをはずした。

すると件《くだん》の女性は、足元のリュックサックに手を伸ばした。そしてピーナッツの袋を出し、

「これ、どうぞ」と、手渡してくれた。今度ははっきりと、微笑みながら。

女性二人組は、私と同じ還暦前後の年回りであった。大きなリュックサックを携えていたから、ハイキングか登山の帰りのようであろう。

人情とマナーがひからびた車内だけに、この親切は胸にジーンときた。ピーナッツをポリポリかじりながら呑む酒が、やけにしみた。

ツアーの後で② 野宿でござる

毎年夏に教育関係の法人の主催で、「読書と体験の子どもキャンプ」というイベントが開催されている。

三泊四日のキャンプには、全国から小学5、6年生が参加する。読書新聞の作成・発表をはじめとして、児童文学者の講演会、国会議事堂・国立国会図書館の見学など、いかにもというスケジュールが組まれている。

イベントの運営をある旅行会社が請け負い、その関係で添乗員が駆り出されることになった。私の仕事は石川県の小松に赴き、5人の小学生を東京・代々木の会場まで引率。そしてキャンプ終了後、小松まで連れ帰るというものであった。

小松の駅前ホテルへ泊まった翌朝、親に連れられた小学生たちと駅で合流。ただちに東京へ向かう。「読書」イベントに参加するだけあって、子供たちは列車内で静かに過ごしていた。

代々木の会場で、イベントのスタッフに小学生たちを引き渡す。これにてひとまず、前半の仕事は幕をおろした。

東京駅から歩いて5分ほどの場所に、大型観光バス専用の鍛冶橋駐車場がある。3日後、添乗員は正午にそこへ集合であった。

私が行った時には、すでに多数の添乗員が集まっていた。真夏の昼時の東京のど真ん中のこととて、どの顔もゆでダコのようであった。

やがてバスが続々と到着。どのバスからもキャンプを終えた子供たちが降りて来て、それぞれの引率者の下へ駆け寄る。そうして三三五五、東京駅へと向かった。

小松へ着いたのは、宵闇せまる頃であった。親たちが待ちわびていた。小学生たちとお別れだ。今回の業務は、完全に終了である。

この後は自由だ。真夏で仕事が少なく、時間的に余裕があった。それで北陸から西日本をのんびりと旅してから、帰ることにした。

小松には歌舞伎の『勧進帳』で知られる「安宅《あたか》の関」跡があり、ツアーで訪れたことがあった。だが小松駅へ来たのは初めてで、周辺をブラつくことにした。

これといった特徴のない、よくある地方都市であった。いいかげん歩き疲れたところで、居酒屋へ入る。しばしの暑気払いだ。

いつものこととて、今夜のアテはなし。いずこの24時間営業のスーパー銭湯で、一夜を過ごすつもりだ。知人によればその手の施設は、ゲイのたまり場とのこと。気をつけなさいよと、アドバイスされた。

映画館で初めて股間をさわられた時には、頭が真っ白になった。まだウブな学生であった。だが何ごとも修練。経験を重ねて、図太くなっていった。

そのうちに手が伸びてくると、ピシャリと撃退する度胸がついた。手が引っこむと、平然と映画の続きを観るようになった。

スーパー銭湯に出入りするようになったのは、中年以降のこと。貫禄がついたのか、知人にアドバイスされるまでもなく、魔の手の方から拒絶するようになった。


小松から1時間ほど列車に揺られれば、県をまたいで福井県の県庁所在地に着く。そこならば入浴施設の類いくらいはあるだろうと、足を延ばした。

夜半に駅へ降り立った私は、駅前に交番を見つけた。まずはそこで情報収集することにした。

実直そうな中年の警察官は、近辺に入浴施設はないと言った。では終夜営業のファミリーレストランはと問うと、それもないとのこと。

ならばとハンバーガーショップの所在をたずねる。すると「あるにはあるんですが、終夜営業はしてません。夜は人もいないので、開けといても人件費はおろか、光熱費もかせげませんので」と、申しわけなさそうに答えるではないか。

耳を疑った。県庁所在地だというのに、夜通しオープンしているハンバーガーショップひとつないというのだ。

仕方がない、腹をくくった。数時間もすれば、夜が明ける。真夏のこととて外で寝ても、寒さの心配もない。雨もだいじょうぶそうな空模様だ。駅前のベンチで、ゴロ寝することにした。

最近は車の旅が多く、車中泊ばかりしていた。さすがに野宿となると、数十年ぶりのことである。

二十代の頃は野宿など、ごく普通のことであった。というより当時は不規則な生活で、寝る時間も場所も一定していなかった。

東京にはそういう得体のしれない輩が、それこそゴマンといる。それ故にこそいろいろな種類の華も、咲こうというものだ。役所や大企業の一極集中が問題視されるが、変わり種の偏在もいかんともしがたい。

さて、福井駅前の夜は更けてゆく。警官がのたまいし通り、人通りはパタッと途絶えてしまった。

堅気の勤め人はもとより、学生もヨタ者も。もちろん私のように、月の光を浴びて寝ている者も。

さすがに神経の太い私でも、熟睡はできなかった。それでもウトウトして、夢の入り口をさまよった。

よく旅とは、非日常の時を過ごすことなりと言われる。とはいってもあくまでも、約束ごとの範囲内においての非なる日常である。

それが野宿となると、何のルールもない。すべてから自由だ。非日常ならぬ、脱「市民生活」といったところか。

ワイルドでスリリングな一夜の虜《とりこ》となり、ごく少数ながらも愛好家はいるみたいだ。若い女性（かとうちあき）が著した『野宿入門』（草思社）という本まである。

現《うつつ》と夢を行き来しているうちに、東の空が白んできた。早暁の冷気が、寒いほどだ。一番電車に乗るべく、駅舎へ向かう。改札口で、青春18きっぷを出す。

それは在来線ならば1日乗り放題という、御用とお急ぎでない方ならば、まことにおトクなキップである。

心に青春を宿した遊び心のある人ならば、年齢に関係なく鉄路の旅を、心ゆくまで愉しむことができる。

若い駅員が、「朝早くから、ごくろうさまです。行ってらっしゃいませー」と、元気のよい声をかけてくれた。寝足りていないはずなのに、気分はシャキッとしていた。

「この春、やっと逝《い》ってくれたのよ」

ある女性サークルの、日帰り懇親バス旅行のこと。参加者は若手で六十代、圧倒的に七十代以上の人が多かった。

その日は、バスガイド付きのツアーであった。ガイドは六十歳前後といったところで、ドライバーもそのくらいの年齢であった。私も含めてバスに乗っているのは、全員がシルバー世代であった。

ベテランガイドらしく、車窓案内は堂に入っていた。午前中に観光スポットをめぐり、遅めの昼食をとる。ふたたび走り出したバス内は、自然と昼寝タイムとなった。

やがて高速道路のサービスエリアで、トイレ休憩をとる。参加者の目が覚めたところで、ガイドが冒頭の言葉を口にした。それを皮切りにして、姑《しゅうとめ》との闘いをねっとりと語り始めた。

三年ほど前に彼女は体調をくずして、しばらく仕事を休まざるを得なくなってしまった。生活が苦しくなったので、姑の年金をたよることにした。

だがそのうちに姑の顔は無言のうちにも、年金と言うようになってくる。やがて年金オーラだけではすまず、万事につけて露骨に高圧的な態度を、とるようになっていった。

また二人の家は、近所の年寄りの茶飲み話の場所であった。仲間が寄るとさわると、聞こえよがしに「気のきかない嫁だ」などと、言いたい放題であった。

「私も癪《しゃく》にさわったから、わざとかたいせんべいを、お茶うけに出してやったの。バアさん連中は歯が悪いから、食べられやしないのよ」と、復讐の一端を語った。

そういう風にいろいろなことがあったが、今年の春の姑の死によって、闘いはようやくピリオドを打つことになる。

ガイドはそのようなゴタゴタ劇を、思い入れもたっぷりに延々と語った。聞き手は話の登場人物に年齢も近く、思い当たることもあるのか、身じろぎもせずに聞き入っていた。

前半の車窓案内などのガイディングよりも、後半の身の上話の方が、話し手と聞き手の一体感が格段にあった。

車内に濃密な空気がたれこめる中、バスは黄昏《たそがれ》の道を走って行った。

第6章

人生という名の旅路

天下無敵の日々

結婚したての頃、女房に「あなたは身体の弱い人に対する思いやりに欠けている」と、言われたことがあった。

私は健康に人一倍めぐまれていて、いつも元気に動き回っている。ハードな業務で体力勝負の添乗員は、そういう意味において私には向いている。

女房は私とちがうタイプの体質であった。女房が指摘したように、自分が頑健なぶん、たしかに若い頃は思いやりに欠けていたところがあった。

そしてまたしばらくして、言われたことがあった。それは「身体がじょうぶで病気をしない代わり、あなたはケガが多い」ということである。

三十歳を過ぎたばかりの頃のこと。私は大きな交差点の横断歩道を、自転車で渡っていた。そこへ左折してきた自動車が、自転車に乗った私と激突した。

私はフロントガラスに、飛びこんでしまった。直後に自動車は急ストップ。そのはずみで私は車からころげ落ち、地面に投げ出された。

当たり方が良かったのか、大きなケガを負うこともなかった。しかし頭を打ったこともあり、何とも言いようもない身体の不調に、しばらく悩まされた。そのせいで一年ほど、その頃に勤めていた学習塾を、休まざるを得なかった。

それにしても紙一重とは、まさにこのことだ。ゼロコンマ何秒かの差で、事故をまぬがれたかもしれない。また打ちどころが悪く、死んでいたかもしれぬ。あるいは重傷を負っていたかもである。

そう考えると、ゾッとする。よく言われることであるが、目に見えない力によって、生かされているのを、実感せざるを得なかった。

以上はわが人生最大の、あわやという危機の顚末《てんまつ》である。その他にも骨折をはじめとして、ケガにはたいへん好かれている人生を、今に至るまで歩んでいる。

私は五十歳を過ぎて添乗員になって、初めてネクタイをするようになった。20年ほど学習塾に勤めて、一応サラリーマンらしき生活を送ったこともある。

けれども勤務していた会社は、服装に関してはゆるやかで、私はポロシャツ姿で授業をしていた。

要するに添乗員になるまで、私はラフな格好で、身過ぎ世過ぎをしてきたというわけである。

外見以上に内面は、自由奔放である。そのせいであろうか、私は得体の知れない、薄気味の悪い雰囲気を発散させているようだ。

旅行ライターをしていた頃、まずは取材地の役場へ直行して、資料を入手するようにしていた。ある市を訪れた際に担当者が熱心な方で、その土地のことを何くれとなく説明してくれた。

そんなこんなで、時分どきになってしまった。取材に駆け回る前に腹ごしらえをと、役所の食堂へ向かう。まだそれほど混んでいなかった。私は4人掛けのテーブルで食事を始めた。

やがて正午のベルが鳴り、にわかに役場の職員や市民たちで、ごった返してきた。どのテーブルも、相席状態である。盆を手にした人々が、私のまわりをウロウロする。

しかるに人々は私を見るともなく見ると、遠くの空いている席へ向かうのだった。結局、大にぎわいの食堂で、私はテーブルをひとりで占拠。複雑な気持ちで、ゆうゆうと食事することができた。それに類した経験は、ほかにもよくあった。

そういう風にただでさえ、人々にうとまれる風采の男である。そこへもってきて私は、身なりにかまわない。仕事をしていない時は、汚らしい格好をしている。

さらにある日のこと、不気味さを倍増させる出来事を引き起こしてしまった。先に述べた交通事故とはスケールが桁違いであるが、その数年後に自転車で自爆事故をしでかしてしまったのである。

これも不幸中の幸い、すり傷程度ですんだ。けれども顔をしこたまこすり、顔半分がムラサキ色に腫れあがってしまった。

そうして2週間ほど、迫力のある外見で過ごすことになった。どこへ行っても、天下無敵の日々であった。

たとえば日曜日の人、人、人で埋めつくされた商店街。私がそこを通りかかると、魔法のように人の洪水の中に、人ひとりが通るだけの一直線の道が、でき上がってしまうのだ。

また小道を歩いていた時のこと。前方から肩で風を切って歩いてくる、いかついお兄《あにい》さんがいた。このままでは肩と肩がぶつかりそうなので、私はよけようとした。するとその直前に威勢のいいお兄さんの方で、器用に身体をひねって通って行くではないか。

そのようなことがあった間も、学習塾では仕事をし、威嚇《いかく》的な風貌で教壇に立っていた。

生徒たちは最初こそ、一様にギョッとした。

しかし見慣れてしまうと、ケンカでもしたのと嬉しそうにはやしたてた。そして何ごともなかったかのように、私の授業を受けていた。

おそらく添乗員となると、仕事をすることはまずあり得ない。かわいいご面相が元にもどるまでは、蟄居《ちっきょ》生活を強いられることは確実だ。

男と女の旅路①　放課後の主役

高齢社会の進展にともなって、健康にひときわ関心が集まっている。そのせいもあってハイキングや登山などのツアーは、大盛況である。

中でも〝一生に一度は登りたい日本一の山〟というキャッチフレーズにひかれて、富士山はふだん山登りをしないような人まで、その気にさせてしまうようだ。

そのため富士登山ツアーは、たいして工夫をこらさずとも客を呼べるとあって、各旅行会社の夏の定番ドル箱商品となっている。

団体での富士登山は、ほとんどが御来光を山頂から拝むように、スケジュールが組まれている。

御来光とは、高い山の上で見る日の出のこと。私も初めて富士山頂から御来光を拝んだ時は、この世とあの世の接する境界のごとき奇観に、ただただ息をのむしかなかった。

しかしその後、何度も登っているうちに、神秘的なひとときはいつしか、トイレタイムとなってしまった。

なにせその貴重な時間帯は、荘厳な瞬間を見届けようという人たちで、せまい山頂は押すな押すなの人の波である。

人々がひしめき合う山頂部は、標高4000メートル近いところだ。真夏の時期でも夜明け前は、真冬クラスの寒さとなってしまう。であるから御来光ウォッチャーは、身体が冷えきって生理現象をもよおさずにはいられない。

だから朝陽が上り始めてしばらくすると、目的をはたした人たちが、次にいっせいに向かうのが、他ならぬトイレなのである。

大勢の人がいるにもかかわらず、山頂部にトイレは二カ所しかない。いずれも寒さにふるえている人たちで、アッという間に長い列ができてしまう。

なればこそ事情をのみこんでいる添乗員にとっては、人々が日の出に恍惚《こうこつ》となっている時間は、別の意味での恍惚のひとときなのである。

ちなみに名高い山は、ほとんどトイレは有料である。富士山もその例にもれず、しかも標高を上げるにつれて値も張ってくる。

山頂は途中の倍の200円（現在では300円らしい）。それでもさしせまっている人たちにとっては、値段など二の次、三の次。生理現象と寒さにふるえながら、うらめしそうに順番を待っている。

ツアーはおおむね一泊二日で、初日に五合目までバスで行く。そこから登山がスタートし、その日は七合目か八合目の山小屋まで登る。

この段階ですでに、高山病でフーフー言う人が出てくる。はっきり言ってそういう人が、山頂を極めるのは無理。

高度を上げるにつれて、空気はどんどん薄くなってゆき、しんどくなる一方だからだ。だいたい山頂に到着できるのは、参加者の7割といったところである。

山小屋では、2、3時間の仮眠をとる。しかしほとんどの人は、眠ることなどできない。そうして真夜中にほぼ一睡もせずに、山頂をめざす旅の再開となる。

真夏のハイシーズンともなれば、真夜中の登山道は御来光目当ての人たちで、大都市の歩行者天国なみのにぎわいとなる。

かように富士登山とは、徹夜という悪コンディションに加え、高山病、大渋滞とたたかいながら歩む、苦行のごとき旅なのである。

ある年のツアーで、登山スタイルにさっそうと身をかためた年配の夫婦がいた。外見が華麗なる登山歴を物語っていた。

ところが八合目を過ぎたあたりで、夫君の方がハーハーと息があがり、限界気味になってきた。

すると夫人が、「もうあなたは、昔のあなたではないの。皆さんにご迷惑をおかけするから、あきらめて下山しなさいな」と、説得し始めた。

息を荒くしながら、夫君はしばらく考えこんでいた。やがてしぶしぶと、忠告を受け入れた。そして寂しそうな後ろ姿を見せて、パーティーから離れていった。そういう脱落者は、出発地点の五合目に集合することになっている。

夫人によれば、夫君は中年までは3000メートル級の山々を、軽々と踏破していた。ところがじょじょに山から遠ざかってしまい、最近では登山はおろかハイキングさえも、しなくなってしまったという。

一方の夫人は、現在でも登山やハイキングを続けている。つい最近も四国八十八ヶ所の札所を、仲間と歩いてめぐってきたそうだ。

今回は夫君が、富士山の御来光を拝もうと思い立ち、ツアーを申しこんだ。昔とった杵《きね》柄《づか》、子供でも登る富士山くらいと、軽い気持ちで参加したとのこと。

それがまさかのリタイアで、さぞや無念であったろう。この夫婦の姿は、わが国における超高齢社会の縮図である。

ツアーの参加者は、大半が高齢者である。そのまたほとんどが、女性である。数の上で圧倒的な女性群は、元気度においても少数派の男性たちを凌駕《りょうが》している。

それは何も、ツアーに限ったことではない。私は家にいる時、散歩を日課としている。散策道で出会うのは、ほとんどが潑剌《はつらつ》とした姿でウォーキングにはげんでいる女性たちである。

対して男性をよく見かけるのが、図書館の新聞や雑誌の閲覧《えつらん》コーナー。表情をなくしたような顔で、背中を丸めて読んでいる姿は、いかにも手持ち無沙汰といった風《ふう》である。

現代人は長寿という、昔の人にはない特権を付与されている。その長くなった放課後を享受しているのは、おおむね女性たちである。

男と女の旅路② 残されし者のつぶやき

人生という旅路を歩むのに、仲むつまじいパートナーがいるのは心強いものである。しかしどんなに愛し合っている夫婦といえども、いずれは必ず別れの時がくる。

別れを迎えて妻に先立たれる場合と、その逆の場合では、悲しみのトーンがまったく違うようである。

プロ野球選手として、また監督として偉大な足跡を残した故野村克也氏は、残された者の悲痛な思いを、マスコミの前で積極的に吐露した。

私もツアー中に野村氏のような悲しみを、涙まじりにひとり語りした年配の男性に、出会ったことがある。

ツアーの帰路というのは、参加者も疲れていて、おおむね静かなものである。東京から房総半島へ出かけたその日のバスツアーも、往路や道中こそザワついていたものの、帰りの車中はほとんどの人がウトウトしていて、静まりかえっていた。

その静寂をやぶって、「もういくら酒を呑んだって、叱ってくれる人がいないんだ」という、愚痴めいた声がひびいた。

声の主《ぬし》は中ほどに座っている、ひとり参加の男性。カップ酒をチビチビと、かたむけていた。声はそれほど大きくなかったものの、静まり返った車内によく通った。

男性は奥さんに先立たれ、現在はひとり暮らしとのこと。ひとり息子を私立の中学へ入れるのに、生前の奥さんは仕事と家事の両方に、無理を重ねて働きづめであった。

「今から考えれば、それが命をちぢめちまったんだよなァ」と、嘆《なげ》き節を発し続けるのであった。

「女房は身体がじょうぶで、病気ひとつするようなヤツじゃなかったんだ。それが死ぬ前になって、よくカゼを引くようになっちまった。それが死の前触れだったんだ」と、ほとんど泣かんばかりに、声をしぼり出した。

くり言めいた湿っぽいひとり語りが、しばらく続いた。そのためバス内は静けさこそ変わりはしなかったものの、空気は明らかに変化していた。

本来、私の立場としては、ほかの人の迷惑になるからと、注意すべきなのである。けれどもとてもではないが、注意することなどできなかった。

泣き酒の語りには、妻を亡くした男のやり場のない悲哀がにじみ出ていた。同じ男として私には、そのことが痛いほどよく分かるのだった。

残されし者が女性となると、バス内の光景は様変わりする。「今が一番いいわ」「本当にそうね」とは、七十代後半とおぼしき、女性二人組の会話のひとコマ。

やはり日帰りバスツアーのことである。会話の主たちは、気が置けない友人どうしのようである。

私の席の真後ろで、おしゃべりに花を咲かせていた。そのため放談は、私に筒ぬけであった。どうやら二人とも、夫はあの世へと旅立ち、現在はひとり暮らしをしているようである。

「やれ今日の料理はうまくないだの何だの、ヤイノヤイノ言われなくて、セーセーしてるわ」「お風呂も好きな時に入れるしね」「私も冬なんか早めに入って、のんびりと温まっているのよ」と、気ままな独身生活の話で、盛り上がっている。

それにしても片や、「叱ってくれる人がいないんだ」と、泣きながら亡き妻をしのぶ残されし男。

それに対しもう一方は、「今が一番いいわ」「セーセーしてるわ」と、ひとり暮らしをエンジョイしている口ぶりの女性たち。

鬼籍に入ったパートナーに対して、男と女では思いが、一八〇度も異なっている。この違いの大きさは、いったい何なのだろう。

人生の午前中の時間割では、メソメソするのは女性の方である。それが人生という旅路を経た放課後ともなると、一転して湿っぽくなるのは男である。

しかも野村克也氏がまさにそうであったが、妻に先立たれた夫は後を追うがごとく、すぐにこの世に別れを告げることが珍しくない。

一方、逆のケースにおいて女性は、イキイキして新たな人生を拓くというのが、ごく普通のことのようである。

数年前にある雑誌で、「最近の　妻のおどしは　さき逝くで」という川柳を読んで、微苦笑してしまった。

「さき逝くで」が「おどし」となるところが、喜劇でもあるし悲劇でもある。「おど」されたあげく、「さき」に「逝」ってしまった妻に嘆き節を発するとは、人生最終コーナーにおける男とは哀れなものよ。

私の旅の流儀①　毎日が未知との遭遇

誰が言ったか、「家から一歩外に出れば、もうそれは旅」。まさに至言だと思う。その言葉にならえば私はほぼ毎日、旅を満喫している。

添乗業務の時は、仕事がそのまま旅となる。また家で休息をしていても、旅を欠かすことはない。最低でも1時間ほど、近所をブラつくことにしている。

というのも身体を動かすのが、日常となっているからだ。もう20年以上も、そういう習慣が身についている。

歩いたり自転車に乗ったりという毎日を過ごしていると、すこぶる心身の調子がよい。おかげで医者や薬とは、ほとんど無縁の生活を送っている。

三十代の頃は、まったく逆の生活であった。学習塾に勤めていた私は、自宅から仕事場までおよそ10キロの道のりを、マイカーで通っていた。

その頃は仕事以外でも、どこへ行くにも何をするにも自動車。ドアからドアへのマイカー移動であった。

そんな私がある日、ほんの気まぐれから仕事へ行くのに、自転車で出かけた。自動車を車検へ出して、たまには自転車でという軽いノリであった。

その夜、私は幼い子供のように熟睡した。翌朝、爽やかな目覚めというものを、実に久しぶりに味わった。以来、私は自転車の人となった。

自転車通勤が病みつきになった決定的なことは、小回りがきくところである。どんな細道でも、自由自在に入って行くことができる。そうなると毎日毎日が、新しい出会いとなった。

昨日に通った道と一本へだてた通路に分け入れば、そこにはまだ見ぬ世界が広がっていた。そうして私は連日、ワクワクしながら仕事へ向かった。

学習塾の仕事が終わるのは、夜の9時である。夜の旅路もまた、未知との遭遇の連続であった。

地球温暖化のせいもあり、当時住んでいた千葉の冬の寒さは、それほど身にこたえることもなかった。それでもひと冬に一度か二度、寒さにこごえるような夜が必ずあった。

そういう時には決まって、つま先が冷たくなり、疼《うず》いてしかたがなかった。帰宅して風呂へ入ると、足指のうめきが喜びの声にかわった。

花鳥風月を肌で感じることも、自転車に教えてもらった。通勤コースに、田圃道《たんぼ》があった。街灯がないので、月が冴《さ》えた晩は月影が濃い。影を道連れの旅路となった。

もちろん、いいことばかりではない。風雨は難敵だ。とくに向かい風の強い日は、泣きたくなってしまう。風にはずいぶんと、体力と忍耐力をきたえてもらった。


添乗員となり、都内の各旅行会社へ出入りするようになった。精算業務をした折、次の日にツアーの仕事が入っていなければ、時間の許す限り歩くことにしていた。

東京都内を歩いてめぐり、江戸の面影をしのぶというのも、またひと味ちがった旅の趣である。上野公園から根岸の里へ抜けて、千住へと至る道筋は、私にとってのゴールデンルートである。

そぞろ歩きの折々、寺の門前に立つ掲示板の前で、しばしの足休めをする。根岸のある寺の掲示板に、「人っ子は　ひとり　私の　滝の音」とあった。いまひとつ意味が不明瞭ながら、なぜか心にしっくりときた。

うららかな肌に心地よい日ともなれば、身体の声を聞きつつ、可能な限り歩き回ったものである。

万歩計で2万歩くらいならば、問題なしである。さすがに3万歩を超えると、翌日に疲れが残った。

そのように旅を日常とするようになって、思わぬ副産物もあった。自動車ばかり乗り回していた頃には、体重は80キロほどあった。

当時の写真を見ると、メガネから頬の肉が、ぷっくりとはみ出ていた。今は70キロ弱くらいで、安定している（身長177センチ）。

また自動車に乗っていた時には、腰痛、肩の張りに苦しめられていた。それが自転車乗りになって、ウソのようになくなった。血流がよくなったせいか、頭痛とも無縁となった。

旅をして満ち足りた思いを味わった上に、ガソリン代や電車賃は浮くわ、心身の調子がいいわ、一石二鳥以上の三鳥である。

前作で、滝壺で足をすべらせて骨折したことは記した。そのせいで三カ月にもわたって、家にカンヅメ状態になってしまったことがある。

脚のギプスが取れ、松葉杖生活をへて、ゆっくりと歩くことから社会復帰を始めた。自分でも歯がゆいくらい、普通に歩くことができない状態であった。

スローな歩行ゆえに、横断歩道を渡りきらないうちに、信号が変わってしまうということもあった。信号が赤になっても、素早く動くことができない自分が情けなかった。

だからそんな不様《ぶざま》なことにならないよう、横断歩道を渡る際には、赤信号が青に変わるのを待ってから、渡らざるを得なかった。脚が悪い者にとって、渡る世間はまことにきびしいものだ。

そのような経験があったからこそ、自分の足で歩き、自転車に乗ることができるということが、どんなにありがたいことなのかを、身をもって知ることができた。

今は歩くたび、自転車のペダルをこぐたび、幸せをかみしめながら旅している。

私の旅の流儀② 真夜中のハイキング

「家から一歩外に出れば、もうそれは旅」の話を続ける。かつて千葉県の柏に住んでいた頃、よく東京の新宿の旅行会社へ仕事で出かけた。

時間的に最短ルートを取るならば、ＪＲ常磐線で柏駅から日暮里駅まで移動し、山手線に乗り換えて新宿駅へ向かう。

時間的に余裕があれば、別のルートを取ることにしていた。常磐線の南千住駅で下車。そこから歩いて10分ほどで、都電荒川線の三ノ輪橋駅へ着く。

都電荒川線は東京に残された、数少ない路面電車のひとつである。我々の世代には、チンチン電車の名で親しまれていた。昔人間の私には、性《しょう》に合う乗り物だ。

昭和の香りを色濃く残した電車に揺られ、東京の下町の移りゆく風景に目を遊ばせるのは、至福のひとときである。そして学習院下駅で降り、新宿まで20分ほど歩く。

気が向けば、南千住から新宿まで歩くもよし。地下鉄やバスを使う手もある。その時の気分や体調、天候しだいだ。

柏から都内各地の旅行会社へ赴くのに、往復でそのようなさまざまなルートを組み合わせて、小さな旅を愉しんだものである。そんな愚にもつかない遊び心が、思いがけず役立ったことがあった。

平成23（2011）年3月11日に起きた東日本大震災の当日、私は新宿の旅行会社で、ツアーの準備作業をしていた。

大地震によって、首都圏の公共交通機関は全面的にストップ。たくさんの人が、帰宅の足をうばわれてしまった。私もそのひとりである。

しばらく様子をうかがっていた。けれども交通機関が復旧する気配は、みじんもなかった。

それで柏まで、歩いて帰ることにした。仲間の添乗員たちは、「ホントに歩いて帰るの？」と、あっけにとられていた。

自転車に病みつきになったことは、すでに述べた。体力にもの言わせて、休みの日には方々に遠征していた。自分の住む千葉はもとより、近隣の東京、埼玉、茨城もテリトリーであった（柏市は千葉県北西部に位置していて、県境をまたいだその一都二県へは、2時間もペダルをこげば着いてしまう）。

それで都内の地理には明るかった。新宿からいつものルートの都電通りへ出る。そこから上野公園まで行けば、あとはゴールデンルートで千住だ。その先は常磐線に沿って進めば、千葉県の松戸である。そこから先は、勝手知ったる庭のようなものであった。

そう考えをめぐらせて旅行会社を出発した。この不測の事態の夕刻も、歌舞伎町はいつものごとくキラめいていた。その不夜城を抜け、都電通りへとたどり着いた。

そこで目を疑った。何と都電が走っているではないか。昔ながらのアナログ電車は、こういう非常時に強い。地獄に仏とはまさにこのこと。とりあえず仏にすがって、終点の三ノ輪橋まで移動することにした。

そこからは夜道を、ひたすら歩いた。基本的に人通りの少ない裏道を選んだ。だが東京と千葉との境を流れる江戸川を越すには、国道6号（水戸街道）を通って、新葛飾橋を渡るほかない。それで大通りへ向かった。

東京方面へ向かう幹線道路は、延々と続く車列で埋めつくされて、ピクリとも動かず状態であった。

渋滞に巻きこまれたドライバーが、帰宅の足をうばわれ、帰るに帰れなくなってしまった都内の待ち人と連絡を取ろうにも、携帯電話もつながらなかったそうである。ひとたび大地震のようなパニックになれば、頼ることのできるのは自分だけである。とにもかくにも家に着いたのは、日付のかわった2時近くのこと。一生に一度あるかないかの、真夜中のハイキングであった。

自動車に乗る時も、遊び心を応用している。A地点からB地点へ移動するのに、時間を節約するならば高速道路利用だ。ただしのっぺらぼうな道ゆえに面白みがなく、私はでき得る限り使わないことにしている。

高速道路と並行して、たいていは国道（バイパス）が走っている。地図に目をこらせばその横に国道（旧道）、さらには県道が並走していることがある。私はそういう忘れられた道を、のんびりと車を駆ってゆく。

具体的な例をあげよう。群馬県北部に、沼田市というリンゴの産地がある。そこがツアーの出発地だとする（実際によく行く）。

現在の住まいの前橋から沼田へは、最も速くかつ楽にというならば、高速道路の関越自動車道路で、ひとっ飛びである。

高速代金をケチるならば、関越道と並行している国道17号を走ればよい。前橋方面から沼田へ赴く添乗員の99パーセントは、そのいずれかを選択しているはずだ。

私は残り1パーセントのクチである。国道17号沿いに利根川が流れ、さらにその川に沿って、県道255号線（沼田街道）が走っている。

かつて沼田藩士が参勤交代の折に通ったという旧街道である。私はもっぱらその古《いにしえ》の道で、リンゴの里へ向かうことにしている。

ただしこの旧道は、車1台がやっと通ることのできるトンネルがあるなど、かなりスリリングである。安心安全がモットーという人には、おすすめはできない。

常日頃からそういう風に遊びをブレンドして、日常生活において旅心を満たしている。

それでも年に数回は、漂泊の思いに駆られて、ふらりと1、2週間の旅に出かけたくなる。

行き先はたいてい東北のひなびた温泉。山間《やまあい》にたなびく、湯煙から湯煙へとさすらう。

ワンボックスカーに寝袋や布団を積みこんで、自由気ままに車を流してゆく。

旅に出かける前に、地図を広げて走るルートを、ああでもないこうでもないと思案する。鉄道マニアが時刻表で、旅のプランを練るのといっしょだ。

私の場合、旅の面白さのかなりのウエートが、この〝ああでもないこうでもない〟にあると言っても、過言ではない。

辺境をめぐる旅ゆえに、すさまじいまでの酷道を通ることもある。そのような山の中の道ゆえに、崖崩れなどで通行止めに出くわすことも、たまにはある。

碧落を旅するのだから、プラン通りにいかなくとも、めげるわけにはいかない。いろいろなことのある道中もまた、嬉《たの》しかりけりなのである。

紅葉をめぐる旅

群馬県の最北、新潟県との境近くに、湯の小屋温泉という出湯《いでゆ》が湧いている。近くには照葉峡《てりはきょう》という、知る人ぞ知る紅葉の名所が控えている。

その温泉地に投宿した折、宿の主人《あるじ》からこんな話を聞いた。

「紅葉というのは毎日少しずつ、ポッポッという感じで色づいていくんですよ。ポッポッのピークは3日。紅葉もホレボレとするのは、ほんの3日のことです」

ホレボレとするピークに、一度だけめぐりあったことがある。添乗員になる以前の旅行ライターをしていた頃、岩手県の須川《すかわ》温泉へ取材に出かけた。雲ひとつない、まぶしいほどに澄み切った、碧空の日のことであった。

取材先の宿が立つ須川高原は、まだ十月の初旬だというのに、紅《くれない》の一色で燃え立つようであった。目にしみわたる青空と今を盛りの紅の共演は、息をのむばかりであった。

高原には、仙人が住むという伝説が残されていた。塵埃《じんあい》から離れ、紅に染めあげられた一帯は、たしかに仙人の住まいもかくやという趣《おもむき》がただよっていた。

ほかに同行者とていない。ひとりで高原の秋を、心ゆくまで心に刻んだ。今でもあの折の燃えるような色が、瞼《まぶた》の奥底に張りついている。

添乗員になってからも、もちろん紅葉ツアーには数え切れないほど出ている。ただし花見ツアーと同じく、激務と闘いながらのこと、季節の移ろいを愛でる心の余裕など、あろうはずもない。

紅葉の盛りのウィークエンドに、栃木県の日光へ日帰りツアーに行ったことがあった。いろは坂をはじめバスはほぼ一日中、数珠《じゅず》つなぎの車の列に並んだ。

結局、ゼロ泊二日の旅となってしまった。後に残ったのは、ただただ疲労困憊《こんぱい》のみである。

関東を代表する紅葉の名所が日光ならば、関西は京都だ。シーズンともなれば東日本からも、数多《あまた》のツアーが繰り出す。

その中でも嵐山は、ひときわ人気の高い場所だ。シンボルの渡月橋《とげつきょう》の周辺は、ピーク時には人であふれ返る。

最盛期の休日にその紅葉の聖地で、ツアー中に2時間のフリータイムを取ったことがあった。案の定と言うべきか、一帯は歩くこともままならない状態であった。

だがツアーの参加者たちはひるむこともなく、人波の中へ消えていった。中には果敢にも、車道を歩く人もいた。もっとも大渋滞で、車はピタリと止まっていたが。私は恐れをなして、バスで待機していた。

そのようにどんなに混雑に見舞われても、トラブルにさえならなければ、疲れることは疲れても、添乗員としてはよしとしなければならない。

けれども一度だけ、後味の悪いクレーム沙汰になったことがある。それは日本一混雑する山と言われる、東京の高尾山ツアーのことであった。

その日はハイキングではなく、紅葉狩りが目的であった。そのためバス内で、山頂行きのケーブルカーのオプション販売をおこなった。

団体割引キップは、通常よりも少し安くなる。それで40人ほどの参加者のうち、半分が申しこんだ。

勤労感謝の日の祝日。天気は秋晴れの快晴。紅葉もまずまずの見頃。条件がそろいもそろって、お山の周辺は車が氾濫していた。

車だけではなく、山はどこもかしこも、異常なほどに人がひしめきあっていた。東京都心のターミナル駅における、朝の光景さながらであった。

ケーブルカーに乗車するまで、2時間近くも列に並んだという。キップを購入した人の何人かは、待ち時間に耐えきれず、乗るのをあきらめたそうだ。

断念した人の大半は、自分の都合でキャンセルしたので、キップの代金のことはあきらめていた。

だが一組の夫婦だけは、例外であった。売り場でキップを返して、自分たちが払った金額をもどしてもらおうとした。だが団体割引は返金に応じられないと、断られたという。

夫婦は私のところへ来て、事前にそのことについて説明しなかったと、クレームをつけてきた。

さらに返金されないのが分かっていたら、キップは買わなかった。だから私が個人的に返金すべきだと迫った。

私としても想定外のことで、たしかにその説明をしなかった。けれども待ち時間こそ長かったものの、実際にケーブルカーに乗れなかったわけではない。

あくまでも権利を放棄したのは、当人の勝手なのだ。私はその旨を、諄々《じゅんじゅん》と説明した。

しかし二人は納得せず、怒り続けた。説明不足の点がたしかにあったので、私はひたすら謝るしかなかった。

添乗業務というのは、すべてのことが順調にいって当たり前の世界だ。順調にいかなかった場合は、このように責められることになる。因果といえば、因果な仕事である。以来、団体割引のオプション販売には、気を使うようにしている。もっとも今回のような異常事態は、めったに起きるものではないが。

以上のごとく紅葉をめぐる旅には、いろいろなことがあった。良くも悪くもすべてのことは、今にして思えば人生という旅の一コマなのである。

老いたるは美しきかな

ラジオ、テレビのナレーターとして活躍した芥川隆行《あくたがわたかゆき》が語る、「芥川隆行が語る名作シリーズ」というCD集を、図書館で目にした。そのうちの一本、『一本刀土俵入り』を借りて聴いた。

『一本刀土俵入り』は大正から昭和にかけて劇作家、小説家として健筆をふるった長谷川《はせがわ》伸《しん》の代表作である。

長谷川伸は股旅物というジャンルの先駆者で、『沓掛時次郎』、『瞼の母』、『関の弥太ッペ』など、映画化された作品も多い。映画青年だった私は、数多く観ている。

『一本刀土俵入り』のストーリーは以下の通り。

駒形茂兵衛《こまがたもへえ》は母親の墓前で、横綱の土俵入りすることを誓い、取的《とりてき》（ふんどしかつぎ）になる。そして江戸を目指すも、一文なしで腹をすかせて、水戸街道の取手《とりで》宿にさしかかる。

その折、お蔦《つた》という酌婦に思いもかけぬ情けをかけられる。十年後、横綱ならぬ渡世人として取手宿に現れた茂兵衛は、お蔦親子がヤクザに襲われる場を助け、恩返しをするのであった。

私は学生時代に名画座で、映画化された『一本刀土俵入り』を観ている。昭和35（1960）年度の大映製作の作品である。駒形茂兵衛を長谷川一夫、お蔦を月丘夢路が演じていた。

長谷川一夫は日本映画の黄金期を代表する、押しも押されもせぬ二枚目スターである。一方の月丘夢路は今では死語と化している、小股の切れ上がった美女と形容したい麗しさを、スクリーンから放射していた。

それから実に半世紀近くを経て、芥川隆行の名調子による同作品を、今度はCDで鑑賞することとなった。その歳月の間に、私は多くのことを学んだ。

たとえばこの作品の舞台、そして主人公たちの生まれ育った土地を、映画を観た青年時にはまったく知らなかった。現在の私はそれらの土地のすべてに、実際に足を運んでいる。作品の主舞台は茨城県の取手。そしてお蔦親子を襲うヤクザ者は、千葉県の我孫子《あびこ》を根城にしている。

映画鑑賞時の私は、埼玉県の大宮に住んでいた。その後、結婚して千葉県の柏に越した。柏と我孫子は隣接する市で、さらに取手は利根川をはさんで柏と我孫子の対岸に位置している。そのため作品の舞台である利根川沿いの両地域は、私には馴染みの土地である。そして駒形茂兵衛の駒形は、群馬県前橋市にある地名だ。旅好きの方ならばJR両毛線の駒形駅、あるいは北関東自動車道の駒形インターチェンジをご存じだろう。あの駒形である。

3年前に私は、柏から前橋へ転居した。私の家から車で15分も走れば、駒形茂兵衛の生地に着く(もちろん架空のだ)。

またお蔦の古里は越中八尾《やつお》、現在の富山市八尾地区である。「おわら風の盆」という祭りで、あまりにも有名になった土地だ。私も「風の盆」を観光するツアーの添乗業務で、何度も訪れたことがある。

作品の中でお蔦は、「あたしの生まれ故郷の歌だよ」と、「越中おわら節」を茂兵衛に歌って聞かせる。鉄火肌の酌婦が歌う哀調をおびた民謡が、作品の通奏低音として心に響いた。

八尾は土蔵造りの古民家など、江戸時代の面影が今も町並みに残っている。祭りでにぎわう期間をさけ、「おわら節」を育んだ町を、いつかひっそりと旅したいものだ。

そのように私は人生のステージごとに、『一本刀土俵入り』の舞台やゆかりの土地に縁ができたり、旅で訪れる機会に恵まれた。そうして利根川べりに繰り広げられる情話の世界が、血の通う、味わい深いものとなった。年を取ることも、まんざら捨てたものではない。

『一本刀土俵入り』にちなんで、相撲がらみの話で締めくくりたい。

江戸時代の寛政年間に、歌舞伎役者の人気を相撲の番付風に格付けした、見立て番付というものが流布した。

同じようなものが、いろいろなジャンルに対して作られた。温泉番付もその中のひとつとして作成された。

当時の相撲には横綱の番付はなく、大関が最高位であった。文化14年の「諸国温泉功能鑑」の東の大関にランクしているのが、群馬県の草津温泉である。

小見出しの「老いたるは美しきかな」は、その東の大関を張る温泉地の一角に立つお地蔵さんに、刻まれた言葉である。

年を重ねると、誰でも身体能力がおとろえてくる。それは自然の成り行きだ。代わりに経験が蓄積されてゆき、若い時には理解できなかったことが、理解できるようになる。私にとって『一本刀土俵入り』が、そのいい例である。

また過ぎ去りし時の流れも財産となる。私は車中泊をしながら旅をすることは、すでに述べた。その際に昭和30年代、40年代の歌謡曲や洋楽を収めたCDを持って行って聴く。人生は一方通行の片道切符の旅である。六十代の私は、十代、二十代には決してもどることはできない。だが十代、二十代の心はよみがえってくるのだ。その年代に流行《はや》った歌を耳にすると。

追憶の旅路をたどることができるのも、年を重ねた賜物である。「老いたるは美しきかな」なのである。

「タダ飯や思うて、ようけ食うの」

栃木県内発で山梨へ行く同じツアーに、連続してついた折のこと。この時は日帰りツアーにつぐ、日帰りツアーであった。

そのためツアーが終わった後に、次の出発地近くのビジネスホテルへ移動するという形で、県内を転々と泊まり歩いた。

その移動に時間がかかり、ホテルへ入るのがどんなに夜遅くなろうとも、鬼のように翌朝早くには、山梨へ向かって出発した。

最初のうちこそ、しっかりと朝ごはんを食べていた。けれどもハードワークの連続で、身も心もヘロヘロになってしまった。

やがて朝食よりも、30分の睡眠を欲するようになる。それでギリギリの時間まで、眠りをむさぼった。そうしてバスに飛び乗って、目的地へ向かった。

出発地は異なれども、同じツアーなので、山梨での旅程は毎回いっしょだった。最初に立ち寄るのは、必ず土産物店である。

その店は団体ツアーのスタッフ用に、にぎり飯、みそ汁、コーヒーを用意してあった（そういう店は多い）。

店へ着くと私は、事務手続きを手早くすませる。そして即座にスタッフルームへ赴き、遅い朝ごはんをガツガツと食べた。

冒頭の言葉はその様子を目にした、大阪出身のドライバーが放った一言である。人間というものは、とかく他人《ひと》の影響を受けやすいものだ。私はふだん自転車に乗って遠出したり、フラフラ歩き回ったりしていることは、すでに述べた。

女房はもともとは、家の中でジトッとしているタイプの人間であった。それがある日、私の散歩について来たのが運の尽き、身体を動かす派に鞍《くら》がえしてしまった。団地の4階に暮らしているが、私はめったなことではエレベーターに乗らない。女房も今では、階段を苦もなく上り下りするようになっている。

大阪弁ドライバーは、きついことを言うだけあって、ガツガツとはしていなかった。しかるに私と何回もコンビを組むうち、「タダ飯」気質に同化してしまった。私が事務手続きをすませ、スタッフルームへ入ると、もうすでに「ようけ食」っているという変身ぶりであった。

「懐中電灯は、このためにあったんだ(心の中のひとりごと)」

団体ツアーで参加者の泊まる旅館が満室になってしまい、添乗員の部屋がないことがある。その場合たいていは、近くの旅館、ホテル、民宿などの一室があてがわれる。ところが北海道の山間《やまあい》の、古びた温泉旅館に泊まった折のこと。混んでいる紅葉の時期で、宿泊施設と名のつく所は、どこもギチギチ状態。それで添乗員に部屋の用意が、できないことがあった。

結果、旅館のだだっ広い宴会場が、私のその夜の部屋(?)ということになった。その宴会場は今はあまり使われていないようで、ホコリくさい臭いがした。

その一番奥に、寝床が用意してあった。使用されなくなった広間に、きゅうきょ敷かれた布団が、何やら番外地めいた雰囲気を漂わせていた。

前述のように、私はよくビジネスホテルに泊まる。最安値のホテルのこととて、タバコの臭いがこびりついたような、せま苦しい部屋で一夜を過ごすことになる。

もっと言ってしまえば、場末ムードをいやというほどに味わわずにはいられない、お仕置き部屋めいた一室である。

今回あてがわれた寝所は、その逆である。広すぎる上にひっそりとしていて、場末感とは種類のちがう寂寥《せきりょう》感にひたった。

実際にその宴会場は客室とはなれていることもあって、物音がぜんぜんしないのだ。まして北海道の山の中のこと。さらにあり余る空間に、ぽつんとひとりきり。怖くなるような静けさと寂しさであった。

そしてなぜか枕元に、懐中電灯が置いてあった。不思議に思っていたら、床につく前に理由がわかった。

照明のスイッチは、宴会場の出入り口にあるのみ。布団はそこから10メートルほど歩いた、もっとも奥まったところだ。

宴会場にトイレはないので、寝る前に外へ用をたしに行かざるを得ない。もどって来て照明のスイッチを押したら、それこそ漆黒の闇である。

照明用のリモコンなどという、気のきいたものが、あるはずもない。懐中電灯にたよらなければ、とてもではないが寝床にまで、たどり着くことはかなわない。それで冒頭の言葉を、心の中でつぶやいたというわけである。

第7章
新型コロナでどうなった

一本足打法の悲劇

令和元（2019）年までの旅行業界およびその関連業界は、順風満帆という言葉そのままのイケイケ状態であった。

海外から日本を訪れる観光客数は、直近の数年にわたって右肩上がりを続けていた。その状況を見こんで土産物業者が施設を拡充したり、ホテルが続々とオープンしたりと、業界は拡大の一途をたどっていた。

京都などの有名観光地においては、外国人ツーリストたちでひしめき合う状況が、ごく普通の光景となっていた。

私も添乗業務で、京都の清水寺をしばしば訪れる。いつ行っても外国人だらけというのが、近年の清水寺事情である。

京都はまた修学旅行の、定番中の定番コースでもある。外国人たちに加えて、修学旅行の大集団に遭遇しようものなら、添乗員は大変なことになってしまう。

団体ツアーで清水寺へ行くには、観光バスの駐車場から寺へと続く参道を、5分ほど歩かなければならない。その両軍団で大にぎわいの参道ともなると、心理的に5分が遥かなる道のりとなってしまうのだ。

満員電車なみの人ごみの中を、40人もの集団を引き連れて歩く様子を、想像していただきたい。参加者の中から迷子が出ることも、珍しいことではない。

そんなことになったら、添乗員は冷や汗ものだ。周囲はおびただしい人だらけで、騒音に取り囲まれて、迷子からかかってきたケータイの声も、ろくろく聞き取ることもできない。迷子を見つけるまで、イヤな汗が流れ続ける。

それは何も清水寺に限ったことではない。名にしおう観光地ともなれば、多かれ少なかれそのような添乗員泣かせのことが、繰り広げられている。観光大国となりつつあるニッポンの、狂騒曲の一コマなのである。

業界のイケイケ気分は、令和2年の東京オリンピック開催決定で、いやが上にも盛り上がる一方であった。

ところが新型コロナウイルスの世界的な感染大流行（パンデミック）によって、状況は一変してしまう。わが世の春を謳歌《おうか》していた業界は、急にハシゴをはずされて、転落の一途を余儀なくされてしまった。

何しろありとあらゆる団体ツアーが、いっきょに消滅してしまったのだ。旅行会社はツアー商品を販売して、利益を得ている。そのメシの種を売ることがままならない異常事態が、半年にわたって続いたのである。

より深刻なのが、海外ツアー専門の旅行会社である。令和2年の末に至るも、日本からのツアーの海外渡航は、できない状態が続いている。

同様なのが海外からのツーリストを当てにしている旅行会社、土産物業者、ホテルなどである。いつまで続くぬかるみぞ、かは誰にも分からない。

さらにもっと過酷な状況に追いこまれているのが、航空、鉄道、バスなどの運輸業界である。

旅行会社の経費の大半を占めているのは、人件費である。そのために各社はリストラや賃金、ボーナスカットなどによって経費を抑えることに傾注し、なんとか会社を維持している。

運輸業界ももちろん、人件費に苦しんでいる。そしてこの業界はそれに加えて、固定費が重くのしかかっている。飛行機、鉄道車両、バスなどは、維持管理費がかかるのだ。

観光ツアーが霧散し、テレワークなどでビジネス利用も激減して、交通機関の需要は大幅に落ちこんでしまった。

しかしたとえ飛行機は飛ばず、新幹線は走らなくとも、コストがかかる企業体質なのである。だから苦しみは、旅行会社の比ではないのだ。

国内ツアーの添乗員にもっとも身近なのは、バス会社である。添乗員とバスドライバーは、いわば仕事仲間である。

一口にバス会社といっても、業務内容は様々である。路線バスを運営している会社、貸し切りバス専門の会社、そしてその両方を運営している会社。

コロナ禍で人出が少なくなり、すべてのバス会社がダメージを受けた。中でももっとも深刻なのが、貸し切り専門の一本足打法の会社である。

それまでは需要が拡大する一方で、アクセルを目いっぱい踏み続けていたところへ、急ブレーキがかかってしまった。バスもドライバーも不足状態であったのが、逆ににわかに余剰資産と化してしまったのである。

バス業界は、中小や零細企業が多い。だから会社を維持する資金が底をつき、廃業に追いこまれてしまったケースが少なくない。

ツテをたよってマスクを仕入れ、糊口をしのいだ会社もあったという。ふだんはハンドルを握っている、いかつい顔をしたドライバーが、ペコペコ頭を下げてマスクを売り歩く姿は、百年に一度と言われる危機ならではの変事であろう。

そうして何とか難局を乗りこえたとしても、ドライバーたちの苦しみは、現在進行形なのである。

彼らはハンドルを握り、バスを走らせてナンボという世界の住人である。仕事が減って、収入がガタ落ちとなっている状態は継続している。

晩秋のツアーで仕事を組んだドライバーが、「明日は警備員のアルバイトに行くんですよ」と、哀愁をにじませた笑顔で語ったものである。

パンデミックも何のその

新型コロナウイルスの猛威にさらされて、社会は大混乱をきたした。中でも先に述べたように、平和産業たる旅行業界の被害は甚大で、業界内のあらゆる企業が惨憺《さんたん》たる事態におちいってしまった。

その中で仕事を得ている添乗員もまた、もちろん例外ではない。半年ほど仕事は、完全にストップ。それでもコロナの勢いが下火になって、国内ツアーの添乗業務は、秋頃からじょじょに復活し始めた。

けれども海外ツアーは令和2年の末現在、仕事再開の目処はまったく立っていない。それに対して添乗員たちは、大別すると次の二つの処し方で、厄難をやり過ごそうとしている。

まず大方は国内の添乗業務にスライドし、海外ツアーの復活を待つことにするという対処の仕方だ。

一方これを機に、転職してしまった人も少なくない。その人たちも、二通りに分類される。

とりあえずは様子見で、別の仕事についているというグループ。そしてこの騒動を潮に、すっぱりと添乗員から足を洗ってしまった人たちだ。

添乗員というのは、収入が不安定な浮草稼業である。今回の感染症の大流行で、改めて寄る辺《べ》なき脆弱《ぜいじゃく》な職業ということを、身をもって思い知らされた。もともと転職のしやすい、若い年齢層の少なからぬ人たちは、収入の安定した仕事につかなければとは思っていた。

思ってはいるものの添乗業務というのは、いろいろな所に旅することができるという、遊びの要素がふんだんにある、面白みのある仕事である。

おまけにノルマなど、数字に追いたてられるわけでもない。だから拘束時間が長い、賃金が低いなどの問題はあるものの、いたって気楽な稼業なのである。

いわばぬるま湯につかっていて、このままではカゼを引いてしまうから、早いところ出なければと自覚しつつ、ついついズルズルと先延ばしをしてしまう状態と似ている。

ぬるま湯から脱出する格好のキッカケとなったのが、他ならぬパンデミックなのであった。

不動産コンサルタントの牧野知弘は、著書『空き家問題』（祥伝社）の中で、次のように述べている。

「今どきの地方の若者。トラック運転手のような体にきつい仕事はまっぴらごめん。車両の運転でも、彼らが好んでやるアルバイトが宅配便の配達だそうです。（中略）親の年金は今のところ充実しているし、あくせく働かなくても家はある、車もある。」

その指摘と添乗員の世界は、驚くほどにほとんど同じ構図である。

もちろん添乗員とひとくくりに言っても、いろいろな年齢層の人がいる。そして様々な事情をかかえて、生活を営んでいる。中にはコロナ危機によって仕事をすることができず、生活が破綻してしまった人もいる。

その一方においてこの疫病禍を、たいして痛くも痒《かゆ》くもないと思っている人もいる。というよりも添乗員の中で、私の見るところ、実はそういう人たちが最も多数派なのである。

牧野氏が指摘しているような環境下で、生活をしている人たちだ。寝る所も食べる物も確保されているので、悪性のはやり病《やまい》も何のそのなのである。

けれども彼ら彼女たちの大半が、いつまでもそのようなヌクヌク状態で生きていくことができるのかは、大いに疑問である。『空き家問題』では、こうも述べられている。

「すでに多くの自治体では高齢者比率が大幅に上昇しています。（中略）次々と亡《な》くなる高齢者。亡くなれば生活の糧《かて》だった年金は消滅。親の年金をアテにした生活設計は崩壊。（中略）そのうち住んでいた親の家も老朽化して、維持修繕コストもかかってくる。そんなコストは負担できないので、家屋は加速度的に老朽化し、今まですべての問題を回避してきたツケが、一気に現実化してきます。」

おそらく牧野氏は不動産の専門家として、「ツケが、一気に現実化」する事例を、数多く目の当たりにしてきたのであろう。それが「高齢者比率が大幅に上昇してい」るわが国の、残酷な現実なのである。


そもそも観光旅行というのは、世の中が豊かで、生活に余裕があるからこそ、出かけられるものである。

まして超高齢社会のわが国は、ヒマと小金《こがね》を持ったシルバー世代層が、わんさかといる。だから旅行会社としては、まことに商売がしやすい世の中なのである。

そのおこぼれにあずかって、添乗員もまた仕事に困ることもない。だから現在のところの日本は、添乗員にとって恵まれた国である。けれども多数派のヌクヌク添乗員にとって、気楽な稼業という砂時計の砂は、もはや残り少なくなりつつある。

これは自戒をこめて言うのだが、豊かな社会に咲いた徒花《あだばな》めいたところのある職業。それが添乗員の実相なのかもしれない。

嵐の中に咲きほこる花

コロナ禍でいっとき添乗員の仕事は、ぱったりと途絶えてしまった。そこでありあまる時間を活用して、「はじめに」に記したように、文筆業に専念することにした。日中は執筆作業をし、陽が傾く頃ともなると散歩に出かけた。私の定番ともいうべき散歩コースは、利根川沿いに整備されている遊歩道である。

ところがはやり病の感染拡大で、人々は遠出をひかえるようになった。そのため常ならば人影もまばらな川沿いの道に、大勢の人が押し寄せるようになってきた。県をまたいだ移動ができなくなった人たちが、近場の散策道に集まってきたのだ。土曜、日曜ともなると人がワサワサして、落ち着いた気分で歩くことも、ままならなくなってしまった。

そこで新しいコースを、開拓することにした。住宅街の中の車が入りこまないような小《こ》径《みち》や路地を選んで、そぞろ歩きをするようにした。

やがて遠出の制限が解除されるようになると、お気に入りの散歩道も、次第にもとの落ち着きを取りもどすようになってきた。

感染騒動のおかげで、メインの散歩コースのほかに、人知れずひっそりと逍遥を愉しむことのできるサブコースも、いくつか得ることができた。今では日替わり定食ならぬ、日替わり散歩コースを満喫している。


本書の脱稿を前にして、旅に出た。自宅のある前橋から栃木、福島、新潟、長野と車を駆って、群馬にもどって来るという、反時計回りの旅路である。

例によっての車中泊の旅。朝食はファミリーレストランでとることが多かった。コーヒーを飲むことが目的なのだ。

私にとってコーヒーは、ある種の薬のようなものである。朝食後に飲むと、魔法のように便意をもよおすのだ。そのおかげで便秘とは、無縁の人生を歩んでいる。

どのレストランもおしなべて、気の毒になるくらいガラガラであった。それどころか閉店している飲食店が、道中で目についた。飲食業界もまた、パンデミックの影響をもろに受けている。

旅の終わりに、長野県上田市に寄った。私は複雑な家庭環境に育って、明治生まれの祖母に育てられた。

上田には、その祖母の墓がある。墓参りに一年に一度は、墓のある寺を訪れることにしている。

そしてその地に来ると、Kというソバ屋に必ず寄ることにしている。ガイドブックに絶対と言っていいほど載っている、名の知られた店だ。

商品の値段と、中身は連動している。そんなことは常識だ。ところが私はこれまでの人生において、常識をくつがえす飲食店に二軒、出会っている。

一軒はかつて、東京の東池袋にあった大勝軒というラーメン店だ。二十代の半ばに私は、教材を作る会社にアルバイト勤務していた。店は会社の近くにあった。

当時、大勝軒はラーメン通に知られているような店ではなかった。私が食べた頃は、大ブレークする以前のことである。

それでも地元では味の良さで評判で、昼ごはんの時間帯ともなれば、店の外に長い行列ができるのが、いつものことであった。

アルバイト先で私は、雑用係であった。それで原稿やイラストを取りに、外出することも多かった。そんな折の店が空《す》いている午後2時や3時に、ノレンをくぐった。

その頃の私は、アパートにひとりで暮らしていた。しじゅう腹をすかせている若者にとって、ラーメンなぞおやつのようなものであった。

だから外出の仕事ができると、私は喜々として人気メニューのつけメンを、食べることにしていたのである。

いい意味で常識を破ってくれたもう一軒が、上田のKである。やはり昼食時には混雑することが、目に見えている。それでオープンの11時に合わせて、店へ向かった。

ところが開店前、それも平日だというのに、店の前にはすでにけっこうな人の列ができ上がっていた。

地元客、観光客が半々といったところか。人で密になるのを恐れて、どの飲食店も閑古鳥が鳴いているという、この御時世にである。

20年ほど前に取材した、ある篤農家の言葉を思い出した。

その農家は化学肥料をいっさい使わず、堆肥などを用いて、土づくりから農業を営んでいた。手間は普通よりも、二倍も三倍もかかるという。

それでも天候に恵まれれば、普通の仕事をしていても、その農家のようなていねいな仕事をしていても、収穫量そのものはたいして変わりはないそうだ。

ところがひとたび旱魃《かんばつ》などの悪天候に見舞われようものなら、実りの季節には天と地ほどの差になるという。

私は食べること全般にわたって淡泊である。だからもちろんのこと、ソバ通ではない。そのような私がたまたまKのソバを食べて、それからは虜《とりこ》となってしまった。

Kは味は良いものの、いたって庶民的な店である。店内は狭苦しく、ひとり客は相席が当たり前という店構えである。

いわゆる「3密」の世界そのものである。にもかかわらず人々は押し寄せて、熱気ムンムンの大盛況となっている。

嵐が吹き荒れる中でこそ、平生《へいぜい》では目にすることもかなわない景色が見えてくるものだ。そんなことを実感した旅路であった。

コロナも人間も恐ろしい

令和2年の「今年の漢字」に、「密」が選ばれた。その漢字に象徴されるように、その年は誰もがはやり病に翻弄《ほんろう》された一年であった。

中でもたびたび述べているように、旅行業界の被害はすさまじかった。そこでダメージを受けた業界を救済するという目的で、政府のキモ入りで「Ｇｏ Ｔｏ トラベル」事業がスタートした。

国の支援を受けて秋口になって、ぼちぼちと国内ツアーは復活してきた。私も十月の終わり頃から、添乗業務を再開するようになった。といっても相変わらず疫病に罹患する人は多く、出発するツアーも、まばらではあったが。

私の乗った観光バスが、高速道路を走る。対向車線に目をやれば、観光バスとすれちがうことは、ほとんどなかった。サービスエリアに立ち寄っても、他のバスは滅多にいなかった。

観光地や土産物店に寄っても、同じことである。本来ならば一年で最もにぎわいを見せる紅葉シーズンに、団体ツアーの客足はいまひとつであった。

それでも秋が深まるにつれて、ツアーの参加者がぽつりぽつりと増えてきた。ひじょうにありがたいことなのであるが、困ったことも起こった。


バス内のトラブルでもっとも多いのが、ケータイに関するものである。大声でしゃべる、長時間にわたって会話をするなどの迷惑行為が、まれにある。

次に多いのが、リクライニングシートを倒すことで起きるもめごとだ。たいていはシートを倒すことは禁止と言うと、収まるものである。

だが知り合いの添乗員のバス内では、女性どうしが髪をつかみあうケンカにまで発展したこともあったという。

はやり病が収束を見せない中でのバスツアーでは、新種のトラブルが出現した。

ウイルスに対する意識は、人さまざまである。見えない敵に対して過剰に反応する人がいる一方で、ほとんど気にかけないという人もいる。

感染にのほほんとしたグループが、話に花を咲かせている。それに対して意識が対極的で、かつ気性の激しい人が注意をした。そうして言い合いになってしまい、バス内の雰囲気が悪くなってしまったことがあった。

またコロナ禍のバス内では原則、食べることは禁止となっていた。けれども移動時間の長い折など、ビスケットなどの音の出ない食べ物を、こっそりと口にしのばせる人もいたりする。それを見つけて、私に知らせに来る人がいた。

マスクを一時的にはずして、食べ物をつまむぐらい、個人的には目クジラを立てるようなことではないと思う。立場上、ツアーの参加者を前にして決して言うことはできないことであるが。

だが、そういう場合に添乗員が何も行動を示さないと、確実にクレーム沙汰《ざた》になってしまう。そこでなるべくやんわりと、隠れ食いをした人に注意するようにした。

そのようなことが何度もくり返されると、本来ならば愉しむために参加しているバス旅行が、いつしか密告ツアーめいた趣になってしまうのが、そら恐ろしかった。


恐ろしいといえば、個人的にショックな体験をした。

『派遣添乗員ヘトヘト日記』を上梓した頃からツアーはなくなってしまい、バスのドライバーとはしばらく顔を合わすこともなかった。

半年ぶりにツアーも復活して、ドライバーたちとまた仕事を組むようになった。

ドライバーの中に、ひじょうに相性《あいしょう》のいい人がいた。いつもニコニコしていて、性格もおだやかで、私としては仕事のしやすい人であった。

それが久しぶりに会うと、それまではついぞ見せたことのないような、冷ややかな視線を投げかけてきた。そして「梅村さんはセンセーになっちゃって、印税もガッポリはいったんでしょ」と、トゲのある言い方をしてきた。その豹変ぶりに驚き、悲しんだ。

他人に不幸なことがあった場合に、同情することはたやすいことである。けれどもその逆に喜ばしいことがあった時に、いっしょに喜ぶことはむずかしいとは、よく言われることである。

『派遣添乗員ヘトヘト日記』は、無名の執筆者が著した本としては、おかげさまでそこそこに売れた。そのことがそのドライバーの心に、複雑な波紋を投げかけたのであろう。

「人当たりがよくて、腰の低い人には気をつけなさいよ」とは、私の母の言葉である。商売をしていた母親は、その手の人に何度も煮え湯を飲まされたことがあるという。

改めてその言葉が、胸にしみた。コロナも恐ろしいが、人間もまた恐ろしい、なのである。

地方に明日はあるか

平成26（2014）年に、学識者を中心に構成されている民間組織の日本創成会議は、2040年には全国で896もの自治体が「消滅可能性都市」となると発表した。その数は何と、現在の自治体のおよそ半分に当たる。

「消滅可能性」とは、自治体として機能しなくなるということだ。要するに満足な行政サービスを、おこなうことができないということである。

限界集落やシャッターストリート、空き家の増加といった各地で起きている現象は、「消滅」の兆候であろう。人間の身体にたとえるなら、手足の先が壊死《えし》した状態である。

地方でもことに高齢化が進展している所ほど、その問題は深刻である。そこで生き残りをかけて、さまざまな地域振興策に躍起になっている。

ノンフィクションライターの中村計は、著書『勝ち過ぎた監督』（集英社）の中で、「町おこしに必要なのは、若者と、バカ者と、よそ者の三者だとよく言われる」と記している。

南東北の温泉地の宿に泊まった晩のこと。宿のスタッフの不注意によって、ツアーの参加者が激怒するというトラブルが起きてしまった。

添乗員の私も呼び出され、騒動の現場に立ち会うことになった。どうにかゴタゴタがおさまった後で、二代目の若主人と酒をくみかわすこととなった。

その折に彼は、「兄貴はデキがよかったもんで、東京の大学を出て、こちらには帰らずにそのまま就職です。私は頭が悪かったので、後をつぎました」と述べた。

頭のデキうんぬんはともかく、「若者」がきらびやかな都会を目指し、故郷を出ていくのは自然なことである。

私の暮らしている群馬県では、東洋大学が県内にあるキャンパスをたたむということで、関係者は大騒ぎになっている。

この少子化の御時世に、カエルの鳴くようなキャンパスとくれば、学生がそっぽを向くのは、当たり前ではないか。

地盤沈下している地方みずからが、自分で自分の首をしめている面も、ないわけではない。

ある地方発のバスツアーの出発地でのこと。私は次から次へと現れる参加者の、受付業務に追われていた。

するとと私の言葉づかいを耳にした参加者のひとりが、「あんた、この辺の人間じゃねえな」と、警戒心もあらわな目をして言い放った。別の人にも、「よそ者は話し方で、すぐ分かるんだ」と言われた。

言葉づかい以前に、ローカル色の強い地方ともなると、知らない顔を見かけようものなら、その段階で身構えるようである。

旅行ライターをしていた時に、草深い土地に取材に出かけたことがある。役場に寄る前に、スタンドでガソリンを入れることにした。

その土地は観光地ではないため、旅行者はめったに訪れないようだ。そのためであろう店主は私に、「どこから来たんだ」「ここへは何の用事があるんだ」など、矢継ぎ早に質問を浴びせてきた。

客を客とも思わない態度の上に、ぞんざいなもの言いをされて、こちらもムッとした。それで「ここはガソリンを入れるのに、身上調査を受けてからじゃないとダメなの」と逆襲した。私の反撃に店主は、黙りこんでしまった。

「若者」は地方から都会へ、吸い寄せられてゆく。一方で数少ないながらも、豊かな自然にあこがれて、都会から地方へ移住する人もいるにはいる。
だが「よそ者」にとって、自然が豊かであればあるほど、ムラ社会の険しいハードルが立ちはだかっている。

さて「三者」の残りの「バカ者」である。明治23（1890）年、旧道後湯之町《どうごゆのまち》（現在の松山市）の初代町長として、伊佐庭如矢《いさにわゆきや》が就任した。そしてすぐに、道後温泉本館の改築にとりかかった。

しかしあまりにもケタはずれの予算に、ダメ町長のレッテルを張られて、猛反対にあってしまう。それでも命の危険を感じるほどの反対を押し切って、建物を作りあげた。

ドイツ南部のバイエルン州に、ノイシュヴァンシュタイン城がそびえている。当時のバイエルン国王ルートヴィヒ2世が、自身の中世へのあこがれを具現化する目的で、城を作ることを決意したのである。

城は国の財政をかたむけ、17年もの歳月をかけて、ようやく完成にいたった。いわばバカ殿の狂気の産物である。

道後温泉本館もノイシュヴァンシュタイン城も、光を観る価値あるものとして、今日に至るも多くの人が押し寄せている。

ひな祭りの時季に各地でよく目にするイベントが、大きなひな壇にひな人形をかざるジャンボひな祭り。

コイのぼりの時節ともなると、あちこちの地方の川面いっぱいに、コイの群れが風にそよいでいる。

ダムのある土地へ行けば、食事処のメニューに見かけるのが「ダムカレー」。いずれも最初に思いついた企画以外は、サルマネである。

信念をガンとして曲げない、狂おしいまでにエネルギッシュな町長や、夢に向かって一直線という、クレージーなところのあるお殿様レベルの破天荒なことは、たしかに一歩まちがえれば破滅へつながってしまう。常人には、できることではない。

ただ光を観る価値あるものを作るのは、普通のことをやっていては、まずできない。サルマネの行きつく先は、「消滅」である。

コロナ禍でテレワークが推進され、地方へ移り住む人が増えているそうである。はたして「消滅」へのカウントダウンの風向きが、変わるのであろうか。

ピンチはチャンス

わが国のプロ野球は、セントラルリーグ（セ・リーグ）、パシフィックリーグ（パ・リーグ）の2リーグ制で運営されている。

しかし2リーグ制の崩壊のピンチは、何度も訪れている。最近では平成16（2004）年、近畿日本鉄道（近鉄）が単独で赤字の球団を保持することが困難となり、オリックス球団と合併した（実態はオリックスに吸収）。

そうなるとパ・リーグは5球団となり、リーグ戦を円滑に行うことができない。そこでさらに2球団が合併してパ・リーグがセ・リーグに吸収される形で、1リーグ制10球団にする案が、各球団の親会社の間でかたまりつつあった。

ところがその案に、プロ野球の選手会が猛反発。ストライキを断行するなど、ゴタゴタ劇が繰り広げられた。結局、世論が選手会側について、1リーグ制は回避されることになる。

その後、楽天が球界に参入を表明。従来通りの2リーグ制が、維持されることになる。

パ・リーグは徳俵《とくだわら》に足がかかった状態から、再出発することとなった。

かつてのパ・リーグは南海、阪急、西鉄、東急、近鉄と、錚錚《そうそう》たる顔ぶれの親会社がそろっていて、電鉄リーグとも言われた（現在では遅れて参戦した西武のみ）。

金食い虫のプロ野球チームの代打として、それらの会社は旅行会社の経営には熱心である。もともと鉄道と旅行は、ひじょうに親和性が高い。

また電鉄会社はおおむねバス、ホテル、遊園地などのレジャー施設など、多角的な経営をしている。それらのチケットを、旅行会社の窓口を通じて販売するのだ。さらに鉄道をはじめ、子会社の施設を上手に組み合わせて旅行商品を作れば、おいしい商売となるわけだ。

ところで仄聞《そくぶん》するところによると、とある電鉄会社は東大出身でなければ、出世することもままならぬという。親会社がそういう体質ならば、傘下の会社もまた官僚的なカラーに染まらざるを得ない。

そのため今回のコロナ危機に際して、その手の会社はひたすら嵐が過ぎ去るのを待っている。下手に何か対策を講じて失敗するのを、極端に恐れるからである。役所と同じで、だれも責任を取りたくないのだ。

ＨＩＳ（エイチ・アイ・エス）という旅行会社は、ベンチャー企業からスタートして、今では業界最大手に成長している。もともと同社は、代表取締役会長兼社長（ＣＥＯ）の澤田秀雄氏が、ひとりで始めた会社である。

氏は高校を卒業すると、海外へ放浪の旅に出かけた。帰国して、好きな旅行に関係する会社に就職しようとした。ところがどこにも、採用されなかったという。

わが国の大企業のほとんどが、いまだに異色の経歴の人間には、門戸を閉ざしている。先の東大閥《ばつ》の会社ではないが、入社するには名の通った大学を卒業というパスポートが必要なのだ。

ならばということで氏は、起業することにする。そうして航空券を団体料金で安く仕入れ、それを個人客にバラバラに売りさばいて利ザヤをかせぐという、画期的な商売を始める。いわゆる格安航空チケット販売である。その商法は大当たりし、会社はぐんぐんと業績を伸ばしていった。

大企業に成長を遂げてからも、冒険心に富んだチャレンジ精神は旺盛である。ロボットが稼働する「変なホテル」は、他の旅行会社ではとうてい及びもつかない、奇抜な事業である。

また創業以来、同社は海外ツアーに軸足を置いていた。そのため海外旅行の売り上げでは、業界ナンバーワンの実績を誇るにいたった。それだけに、パンデミックによって、海外ツアーが消滅してしまったダメージは、同業他社に比べて大きいものがあった。

加えてコロナの収束は、まったく見通しが立っていない（令和3年3月時点）。そこで伝統のベンチャー精神を発揮して、新たな事業に乗り出すことになった。

何とソバ店を開業し、チェーン展開していこうというのである。ソバはすしやラーメンとくらべて、海外では知られていないことに目をつけ、将来的には海外進出も視野に入れているそうだ。


さて存続のピンチから脱した、パ・リーグの「その後」について触れてみたい。

新しく加入した楽天球団は、仙台を本拠地とした。結果としてホーム球場が、全国各地にバランスよく配置されることになった。また各チームはアメリカのメジャーリーグのビジネスモデルを導入して、ファンサービスや球団運営方式などを変革した。

そうしたことが実を結び、現在では人気面において、ライバルのセ・リーグと遜色ない存在にまでなっている。

また実力面においては、交流戦、日本シリーズでセ・リーグを圧倒していることは、野球に少しでも関心のある方ならばご存じの通り。消滅の危機を境にして、パ・リーグは生まれ変わったのである。

そしてコロナ禍によって、甚大なダメージを負ってしまったＨＩＳ。格安航空券の販売からスタートして、業界のトップランナーに躍り出るという歴史をたどっただけに、ソバ店チェーンを地球規模に拡げるのも、あながち夢物語とも思えない。


変容ということで言うならば、ツアーそのものもまた時代の流れとともに、変わらざるを得ない。

先に「家から一歩外に出れば、もうそれは旅」という言葉を紹介した。私は現在、六十七歳である。おかげさまで健康にはいたく恵まれ、ほぼ毎日「旅」をしている。

だが人間は、必ず老いを重ねる。「ピンピンコロリ」は万人の願いであるが、思い通りにならないのがこの世の常である。私とて「家から一歩外に出」ることが、ままならなくなる日が来るかもしれない。

むしろそのような人にこそ、心の健康という意味で、「旅」は必要なのである。現在ツアーに参加している高齢者たちが年を重ねるにつれて、そのようなニーズは高まってゆくはずだ。

ただしバリアフリーのツアーともなれば、介護人員の確保といったサポート体制をどうするかなど、課題は山積みである。だからこそチャンスもまた、大なのである。

身体が不自由になった人たちが、手を引いてもらったり、車イスを押してもらったりして、日本や世界各地の名所旧蹟を団体ツアーでめぐる。人生100年時代の放課後の時間割にふさわしい、新しい旅のスタイルではあるまいか。

おわりに

添乗員の仕事というのは、一にも二にも体力勝負である。その体力なるもの、性別や年齢はかかわりない。ひじょうに個人差のあるものである。

私は六十代も終わろうかという年代に差しかかっている。けれども体力だけは、まだまだ自信がある。ただそうは言うものの、疲れが抜け切るのに時間がかかるなど、身体の衰えは確実に現れ始めている。

もうそろそろハードな仕事に、暇乞《いとまご》いをするタイミングかなとも考えている、今日この頃である。

改めて添乗員として過ごして来た歳月を振り返ってみれば、つくづく性《しょう》にあった仕事であると思わざるを得ない。旅が日常で毎日が刺激的で、ワクワクとした心持ちで過ごしてきた。

とはいってもそうした昂揚感以上に、苦しきことの多かりし世界であることは、本作を読んでいただければ、理解していただけるであろう。

だから体力に加えて、図太い神経も必須条件である。何しろツアーの参加者の中には、人間性に大いなるハテナマーク（？）やビックリマーク（！）のつく御仁《ごじん》が、少数ながらも必ずいたりするからだ。

そういう人をお客様として、接してゆかなければならないのであるから、鍛えられようというものである。

もちろん私とて、言い掛かりめいたクレームを受けて、まったくクヨクヨしないわけでもない。けれどもいつまでも引きずっていては、この仕事はとうてい続けてゆくことはできない（実際にそういうことが原因で、業界から去ってゆく同業者は少なくない）。

前作の読者から、たくさんの手紙をいただいた。その中で複数の方から、打たれ強い生き方を見習いたいという声が寄せられた。

今にして思えばであるが、何かの縁でハテナやビックリの御仁と袖を連ねることになったのも、原稿を執筆する上でいい肥やしになったのだ。

「若い時の苦労は買ってでもせよ」と言うが、年を取っても「苦労」はしてみるものである。

何よりも良かったのは、人に頭を下げることが仕事の内であったことである。そのために人情の錯雑とした機微を、身をもって知ることができた。添乗員という特殊な仕事を通じて、本当にさまざまな貴重な経験を積んできた。そのひとつひとつが、大きな財産となっている。

旅の途上で邂逅《かいこう》したすべての人、出来事に、ただただ感謝、感謝である。

梅村　達 うめむら・たつ
1953年東京都生まれ。といっても東京にいたのは10歳まで。以降は埼玉、再び東京、千葉と移り住む関東流れ者。現在は北関東の群馬県前橋市在住。住居と同じく仕事の方も転々として、映画制作スタッフ、塾講師、ライター業を経て、派遣添乗員に。添乗員として大手のほとんどの旅行会社で仕事をする。その経験をまとめた著書に『派遣添乗員ヘトヘト日記』(三五館シンシャ)がある。

朝日新書
817
旅行業界《りょこうぎょうかい》グラグラ日誌《にっし》

2021年5月30日第1刷発行

著者　梅村　達

発行者　三宮博信
カバーデザイン　アンスガー・フォルマー　田嶋佳子
印刷所　凸版印刷株式会社
発行所　朝日新聞出版
〒104-8011　東京都中央区築地5-3-2
電話　03-5541-8832（編集）
　　　03-5540-7793（販売）

Published in Japan by Asahi Shimbun Publications Inc.
ISBN 978-4-02-295121-2
定価はカバーに表示してあります。
落丁・乱丁の場合は弊社業務部(電話03-5540-7800)へご連絡ください。
送料弊社負担にてお取り替えいたします。

朝日新書

京大式 へんな生き物の授業

神川龍馬

微生物の生存戦略は、かくもカオスだった！ 光合成をやめて寄生虫になった者、細胞から武器を発射する者……。ヘンなやつら、ズルいやつらのオンパレードだ。京大の新進気鋭の研究者が、偶然の進化に満ちたミクロの世界へご案内。ノープランとムダが生物にとっていかに大切かを説く。

正義の政治経済学

水野和夫
古川元久

コロナ禍から1年。いまこそ資本主義、民主主義の新世紀が始まる。コロナバブルはどうなる？ 定常社会の実現はどうなる？「正義がなければ、王国も盗賊団と変わらない」。アウグスティヌスの教訓と共に具体的なビジョンを掲げる経済学者と政治家の「脱・成長教」宣言！

あなたのウチの埋蔵金
リスクとストレスなく副収入を得る

荻原博子

家計の「埋蔵金」とは、転職や起業、しんどい副業、リスクの高い投資、つらい節約など「ストレスのかかること」を一切せずに、家計と生活の見直しで転がり込んでくるお金のこと。ノーリスクで毎月！ 年金がわりに！ 掘ってみませんか？ あなたの家計の10年安心を実現する一冊。

新型格差社会

山田昌弘

中流層が消滅し、富裕層と貧困層の差が広がり続ける日本社会。階級社会に陥ってしまう前に、私たちにできることは何か？〈家族〉〈教育〉〈仕事〉〈地域〉〈消費〉。コロナ禍によって可視化された〝新型〟格差問題を、家族社会学の観点から五つに分けて緊急提言。

女武者の日本史
卑弥呼・巴御前から会津婦女隊まで

長尾　剛

女武者を言い表す言葉として、我が国には古代から「女軍」(めいくさ)という言葉がある。女王・卑弥呼から女軍部隊を率いた神武天皇、怪力で男を投げ飛ばした巴御前や弓の名手・坂額御前、200人の鉄砲部隊を率いた池田せん……「いくさ」は男性の〝専売特許〟ではなかった！

60代から心と体がラクになる生き方
老いの不安を消し去るヒント

和田秀樹

やっかいな「老いへの不安」と「むなしい」という感情。これさえ遠ざければ日々の喜び、意欲、体調までが本来の状態に。不安や「むなしく」ならないコツはムリに「探さない」こと。何を？「やりたいこと」「居場所」「お金」を……。高齢者医療の第一人者による、元気になるヒント。

内側から見た「AI大国」中国
アメリカとの技術覇権争いの最前線

福田直之

対話アプリやキャッシュレス決済、監視カメラなどの情報を集約する中国のテクノロジーはアメリカを超え、10年以内には世界トップになるといわれる。起業家たちは何を目指し、市民は何を求めているのか。政府と企業との関係、中国AIの強さと弱点など、特派員の最新報告。

朝日新書

定年後の居場所

楠木　新

定年後のあなたの居場所、ありますか？　ベストセラー『定年後』の著者が、生保会社を60歳で定年退職した後の自らの経験と、同世代のご同輩への豊富な取材を交え、仕事、お金、趣味、地域の絆、ウィズコロナの新しい生活などの観点からアドバイスする。

戦国の村を行く

藤木久志
解説・校訂　清水克行

悪党と戦い百姓が城をもった村、小田原攻めの豊臣軍からカネで平和を買った村など、戦乱に加え、略奪・人身売買・疫病など過酷な環境の中を人々はいかに生き抜いたのか。したたかな村人たちと生命維持装置としての「村」の実態を史料から描く。戦国時代研究の名著復活。

旅行業界グラグラ日誌

梅村　達

著者は67歳の派遣添乗員。現場では理不尽なお客や海千山千の業界人が起こすトラブルに振り回される日々。魑魅魍魎な旅行業界の裏側を紹介しつつ、コロナの影響にも触れる。笑えたりほろりと泣けたり、読んで楽しいトラベルエッセイ。